세상을 아우른
따스한 울림

세상을 아우른
따스한 울림

초판 1쇄 인쇄 2023년 8월 10일
초판 1쇄 발행 2023년 8월 14일

지은이 변택주
펴낸이 한익수
펴낸곳 도서출판 큰나무
등록 1993년 11월 30일(제5-396호)
주소 (10424)경기도 고양시 일산동구 호수로 430번길 13-4
전화 031 903 1845
팩스 031 903 1854
이메일 btreepub@naver.com
블로그 blog.naver.com/btreepub

값 16,800원
ISBN 978-89-7891-408-6 (03100)

변택주 지음

세상을 아우른 따스한 울림

시대를 앞서간 51인의 삶과 철학

큰나무

들어가는 글

꽃이 한창이에요. 저마다 고움을 한껏 떨치고 있네요. 그런데 아세요? 꽃이 빛나는 뒤에는 말없이 받쳐주는 꽃받침이 있다는 걸. 꽃이 떨어지고 나면 꽃받침은 구실을 잃을까요? 아니에요. 감꽃이 진 자리, 파르라니 들어앉은 조그만 감을 본 적 있으세요? 꽃 못지않게 고와요. 여름을 거치면서 빨개질 테지요. 꽃받침이 받쳐주지 않더라도 무르익어갈 수 있으려나요? 참, 이젠 열매받침이라 해야 하겠군요.

우리가 잊고 살지만 우리네 삶에도 받쳐주는 누군가가 있습니다. 뜨거운 여름날 드리운 그늘과 같은 이들이 있습니다. 나라면 나서기 꺼리는 일에 소매를 걷어붙이고 선뜻 나서는 이들이 있습니다. 어지러운 세상에 그나마 숨통이 트이는 까닭입니다.

이 책에 나오는 쉰한 분은 저를 비롯한 여느 사람들이 “우리가 나선다고 세상이 바뀌겠어?” 하며 머뭇거릴 때, “가만있으면 아무것도 바꿀 수 없잖아. 나라도 나서야지” 하고 나서서 빚은 이야기예요. “내가 아니면 누가? 이제 아니면 언제?” 하며 일어선 이야기이기도 하고요.

“이 환자에게 닭 두 마리 값을 주시오.”

“막이 오르면 연기는 배우에게.”

“나는 너와 뗄 수 없이 이어져 있다.”

“보금자리는 울음도 웃음도 함께 나누는 목숨밭.”

“밑지는 인생 살 줄 알아야.”

“다들 입만 있지 귀가 없어.”

“모든 건 이기면 썩는다.”

“사고방식이 마이너스이면 결과도 마이너스.”

다 몸으로 써 내린 이야기들이에요. 저는 세상살이가 심드렁해지거나 이러저러한 까닭으로 맥이 빠질 때 또는 새로 무엇을 해야 하는데 엄두가 나지 않을 때는 남다르게 살아가는 사람 이야기를 들으면 힘이 나더라고요.

여기 담긴 사람은 널리 알려져 여러분이 아는 이도, 처음 보는 이도 있을 거예요. 가려 뽑은 기준이 따로 있지는 않고, 그때그때 끌림 따라 새긴 이야기예요. 이런 이들이 있어 누리 결이 한결 고와졌어요.

처음 세상과 맞닥뜨리는 분, 또 어디로 가야 할지 어떤 일을 해야 할지 마련이 서지 않는 분이라면 한번 읽어보세요. 참답게 새 길을 연 사람들이 남긴 자취가 담겼으니 생각지도 못했던 길이 보일 수도 있지 않겠어요?

무얼 해도 오래 걸리는 늘보

택주 비손

차례

벼리다

Chapter 2 아우르다

짚다

1
Chapter

벼리다

대한제국 첫 페미니스트

김양현당(여성교육운동가)

1898년 9월 1일, 우리나라 최초 여성권리 선언서인 '여권통문女權通文'이 발표되었다. 이 기사는 9월 8일자 〈황성신문〉과 9월 9일자 〈독립신문〉에 실렸다.

> 물이 상하면 반드시 변하고, 병이 극하면 반드시 고치는 것이 고금 이치 (…) 이제 이천만 동포 형제가 (…) 신식을 좇아 행할 사이 (…) 우리 여인들은 귀먹고 눈 어두운 병신 모양으로 규문만 지키고 (…) 신체와 수족과 이목이 남녀가 다름이 있는가. 어찌하여 병신 모양으로 사나이가 벌어주는 것만 먹고 평생을 심규에 처하여 그 절제만 받으리오. (…) 먼저 문명개화한 나라는 남녀가 일반 사람이라 어려서부터 각각 학교에 다니며 재주를 다 배우고 이목을 넓혀

자란 뒤에 사나이와 부부지의로 평생 살더라도 그 사나이에게 조금도 절제를 받지 아니하고 도리어 극히 공경함을 받음은 다름이 아니라 그 재주와 권리와 신의가 사나이와 같은 까닭.

남녀 교육·직업 평등과 여성 정치참여권을 달라는 '여권통문'은 우리 역사에서 처음으로 여성 근대 권리를 내세운 뜻깊은 문서다. '여권통문'이 나가자 온 누리가 놀랐다. 〈독립신문〉은 "여성 교육에 많은 돈이 있어야 하니 정부 기구에 남아도는 20여만 원과 급하지 않은 군사 증액비 100여만 원을 모두 여성 교육비에 쓰라"고 받았다. '여권통문'은 〈독립신문〉 영문판인 〈The Independence〉에도 실렸다.

이 여성들은 며칠 뒤 여성교육운동모임 '찬양회'를 만들었다. 임원은 회장에 양성당 이씨, 부회장 양현당 김씨, 총무원 창길당 이씨, 태양진당, 사무원 정길당 고씨로 이루어졌다. '여권통문'을 짓고 펴내는 데 남성들이 끼어들거나 이끈 자취가 없는 것으로 보아 '여권통문'은 오롯이 여성들 뜻으로 이루어졌음을 알 수 있다. 찬양회는 종묘사직과 궁궐을 둘러싼 북촌, 양반집 여성들이 이끌었다. 첫 회원은 사백여 사람으로 신분과 직업에 매임 없었다.

1898년 9월 20일, 찬양회 회원들은 고종 황제에게 올릴 상소문을 쓴다. 상소문은 벼슬하지 않은 선비들이 정치에 뛰어드는 길 가운데 하나였는데, 여성들이 임금에게 올릴 상소문을 꾸몄으니 조선사를 뒤엎는 일이었다. 같은 해 10월 11일, 찬양회 회원 백여 사람이 대궐 문까지 나아가 시위하고 상소문을 올렸다. 다음은 상소문 마지막 글월이다.

> 신첩들이 찬양회를 실시하와 충성 충, 사랑 애 두 글자를 규중으로부터 온 나라가 흥왕케 하려 하오나 학교가 아니면 총혜한 계집아이들을 가르칠 도리가 없사와 감히 아뢰오니 엎디어 빌건대 성명을 깊이 통촉하옵소서. 학부에 칙령을 내리사 특별히 여학교를 세워 어린 계집아이들로 하여금 학업을 닦게 하여 대한제국도 동양문명지국이 되옵고 각국과 평등한 대접을 받게 하옵기를 엎디어 바라옵나이다.

상소문에는 학교를 세워달라는 것 말고도 "장옷을 쓰지 않고, 가마를 타지 않으며, 우산이나 들고 다니게 해달라"면서 "여성을 옥죄는 삶에서 벗어나겠다"는 뜻을 밝혔다. 찬양회는 여학교 세우는 운동과 더불어 여성계몽사업으로 일요일마다 만나서 이야기 바람을 일으켰다. 여성들이 지닌 생각을 깨워 모두 나서서 배우자고 외쳐 회원이 아닌 여성들도 따라나설 만큼 뜨거웠다.

고종은 1886년 육영공원을 세우기 전에도 1883년 동문학을 세워 영어를 가르치고 신식 군사훈련을 시켰다. 그리고 선교사들이 펼치는 교육사업도 힘껏 지지했다. 이처럼 일찍이 교육에 뜻을 둔 고종이기에 바로 답했다. 임금이 내놓은 다짐이니만큼 관립 여학교가 문을 열리라는 것을 조금도 의심하지 않은 찬양회는 이듬해 학교가 문을 열 것으로 받아들이고 12월에 학생을 모았다. 학교는 한 해가 넘도록 지지부진했다. 그러나 이미 여학생을 뽑은 찬양회는 관립 여학교가 세워지기 전까지라는 생각으로 학생 삼십여 사람을 받아 어의동(효제동) 느릿골에 학교 문을 열었다.

찬양회 부회장 김양현당이 순성여학교 초대 교장을 맡아 사무원 고정길당과 외국 부인 몇 사람을 교원으로 뽑았다. 이로 보아 김양현당이 '여권통문'을 내놓는 데 앞장섰을 것으로 보인다. 순성여학교는 선교사들이 세운 여학교보다 10년이나 늦게 문을 열었으나 우리나라 사람이 처음으로 세운 사립 여학교이며, 여성들이 스스로 세웠다는 데 큰 뜻이 있다.

1897년 승동에 정선여학교를 세우기도 한 김양현당은 우리

나라 여성교육운동을 이끈 사람이다. 김양현당과 찬양회 사무원이자 순성여학교 교원이던 고정길당은 모두 북촌 부인이 아니라 북쪽에서 왔다. 김양현당은 서경 평양에서 자랐고, 고정길당은 함경도 태생으로 아버지를 따라 러시아 연해주에 옮겨갔다가 서울에 온 여성이다. 김양현당은 아이 없이 과부가 된 뒤 서울로 와서 북촌 양반 부인들과 가까이 지냈고, 자산도 꽤 있었던 것으로 보인다.

우리나라 근대학교는 아펜젤러가 배재학당(1885년)을 세우기에 앞서 1883년 원산에서 민간인이 세운 '원산학사'다. 여학교는 외국인 선교사들이 이끌어 갔다. 이화학당이 1886년 세워졌으니 우리나라 여성 손으로 학교를 세운 해보다 10년이나 앞선 일이다. 여성교육이 낯설던 시대에 이화학당을 찾은 학생은 고아나 병든 학생이었다. 그러나 10년쯤 지나자 학생 수가 마흔일곱 사람으로 늘어 자리를 잡아간다.

김양현당은 이화학당이 10년을 넘기던 해에 정선여학교를 세운다. 이렇게 이미 학교를 세운 적이 있는 양현당이 관립 여학교를 세우려고 한 것은 뜻깊은 일이다. 여성을 학교에 보낸다는 의식도 없던 때라 학비를 받지 못하는 것은 물론, 교재비며 먹이는 일도 모두 학교가 해야 할 몫이었다. 그랬기에 여학교는 나라에서 운영하는 것이 옳다고 보았을 것이다. 관립 여학교인

한성여학교가 세워진 해가 1908년이니, 안타깝게도 김양현당은 관립 여학교를 보지 못하고 눈을 감았다.

순성여학교가 문을 연 1899년은 독립협회 중심에 둔 개화세력이 보수 정치세력에 심한 탄압을 받던 때였다. 따라서 찬양회도 움츠러들어 학교 재정이 어려웠다. 또한 고종황제가 약속한 관립 여학교 설립도 의정부 회의에서 물리쳐 없던 일이 되고 말았다. 이처럼 겹겹이 둘러싸인 어려움 속에서 김양현당은 제 주머니를 털어 학교에 넣고, 학교 살림꾼으로 교사로 이리 뛰고 저리 뛰었다. 그러나 재정난에 허덕이다가 학교를 세운 지 세 해를 넘기지 못하고 1901년에 끝내 문을 닫고 만다.

"나 죽은 뒤 어린 여학생 교육은 누가 맡을까……."

1903년 3월, 김양현당은 깊은 한숨을 내쉬고 숨을 거둔다.

첫 어린이날에 뿌려진 놀라운 선언

방정환(아동문학가)

"아이들이 태어나면서부터 수없는 억누름이 거듭됩니다. 그래서 야성이 시들어 가까스로 어른이 되면 '학습된 무기력', 우울감에서 벗어나기 힘듭니다."

"학교가 아이들에게 해야 할 일은 줄 세워놓고 평가하는 것이 아니라, 학교 안팎에서 일어나는 모든 일에 '나도 끼어들 수 있다'는 자신감을 길러주는 것입니다."

미국 대안교육 전문가 크리스 메르코글리아노가 남긴 말이다. 이런 말씀을 한 세기 앞서 우리나라에서 한 사람이 있었다. 어리어 오르는 사람, '어린이'라는 말을 내놓은 소파 방정환 선생이다. 방정환이 만든 '어린이'라는 새 낱말은 가부장 전통에 맞선 말씀이다. 첫 어린이날에 뿌려진 '어른에게 드리는 글'은 어느 혁명 선언 못지않은 새로운 외침이며 드잡이였다.

어린이를 내려다보지 말고 쳐다보아주시오.
어린이를 가까이해 자주 이야기해주시오.
어린이에게 늘 부드럽게 존댓말을 해주시오.
이발이나 목욕, 옷 같은 것을 때맞춰 하시오.
잠자는 것과 운동하는 것을 충분하게 하시오.
산책이나 소풍 같은 것을 가끔가끔 시켜주시오.
어린이를 꾸짖을 때는 쉽게 성만 내지 마시고 자세자세 타일러주시오.
어린이들이 서로 모여 즐겁게 놀 만한 놀이터나 집을 지어주시오.

'기미독립선언서'가 이상주의 글월이라면, 이 밝힘글은 어린이가 놓인 처지를 스스로 겪고 난 사람이 아니면 쓸 수 없는 현실주의 글월이라 할 수 있다.

방정환은 1899년 11월 9일, 서울 야주개(당주동)에서 방경수와 손성녀 사이에서 외아들로 태어났다. 어려서 살림이 기우는 바람에 고달픈 어린 시절을 보냈으나 사업가와 이야기꾼으로서 타고난 자질을 보였다.

1919년 3월 1일, 〈독립신문〉이 압수되고 인쇄를 할 수 없게 되자 스물한 살 청년 방정환은 〈독립신문〉을 몰래 등사하는 책임을 맡았다. 3주일 뒤 일본 형사에게 들켜 모질게 시달리지만, 미리 등사판을 없앤 뒤라 증거가 마땅치 않아 풀려나왔다. 방정환은 나오자마자 숨어서 〈독립신문〉을 거듭 찍어냈다. 삼일운동 불길이 일제 총칼에 짓밟혀 수그러질 무렵인 1919년 가을, 일본으로 가서 비로소 식민지 지식인이 해야 할 일이 무엇인지를 또렷이 깨닫는다.

방정환은 삼일운동이 뜻을 이루지 못한 까닭 가운데 하나가 삼일운동을 일으킨 사람들이 어려서부터 유교 윤리의식에 젖은 어버이들에게 "어른 말에는 어떤 일이 있어도 따라야 한다"라고만 배웠을 뿐 제 뜻을 바로 펴는 독립심을 배우지 못한 데 있다고 생각했다. 그래서 1921년 방학을 틈타서 귀국한 방정환은 천도교 소년회를 조직하고 어린이 운동 횃불을 들었다. 해가 저물 무렵 도쿄에서 어린이 동화집 《사랑의 선물》을 엮어 이듬해 봄 서울에서 펴냈다. 방정환은 이 책 머리말에서 이렇게 말하고 있다.

"학대받고 짓밟히고 차고 어두운 속에서 또 우리처럼 자라나는 불쌍한 어린 얼들을 보듬으려고 그윽이 동정하고 아끼는 첫 선물로 나는 이 책을 짰습니다."

1923년부터 어린이를 보듬는 일을 한 방정환은 도쿄에서 월간 〈어린이〉를 꾸며 서울로 보내고, 소년운동 바탕을 다지려고 사람들을 모아 '색동회'를 꾸렸다. 그리고 오월 초하룻날을 '어린이날'로 하기로 하고 서울에서 첫 어린이날 잔치를 열었다. 어린이 운동을 제 길에 올려놓은 1923년, 결을 바꿀 횃불을 올리며 〈어린이〉, 〈신여성〉, 〈별건곤〉 같은 잡지를 펴내어 뜻을 펼치는 바탕으로 삼았다. 다른 한편으로는 전국소년지도자대회를 열고 소년운동협회를 만드는 한편, 여러 곳에서 동화 대회를 열고 강연회나 라디오 방송에 나가 뜻을 밝히면서 어린이 가꾸기 운동에 파묻혔다.

1925년 섣달, 방정환이 아끼던 제자 최영주가 수원에서 화성소년회를 만들고 동화 대회를 열었다. 이야기를 들으려고 십 리가 넘는 먼 곳에서 아이들뿐만 아니라 어른들까지 모여와서 회관으로 쓰이던 초가집 마당을 가득 메웠다. 발 디딜 틈이 없어서 나무 위에 올라가기까지 했다. 방정환은 동화를 들려주기에 앞서 그 자리에 모인 어른들에게 딱한 어린이 처지를 하나하나 짚어가며 이야기하고 나서 "그 어린이가 바로 우리나라 어린이입니다" 하고 눈물 흘렸다.

온 마당에 흐느낌이 가득하고, 자리를 지키는 순사도 따라 눈물 흘렸다.

영희와 철수

박창해(국어학자)

학교교육은 가장 중요한 나랏일이다. 바람직한 학교교육은 '교원'과 '학생' 그리고 '교육과정'이 서로 가까워질 때 비로소 이루어진다. 교육에 기본이 되는 알짬이 교과서이다. 교과서는 학교교육은 말할 것도 없이 사회, 문화 매체로 지식과 정보 샘으로도 큰 몫을 한다. 우리는 교과서에서 지식을 얻고, 바르게 사는 길을 깨닫게 되었을 뿐 아니라, 더불어 사는 길을 알았다. 교과서에는 우리 역사와 문화가 담겨 있고, 겨레 얼이 서려 있다. '교과서의 날'은 우리나라 정부가 수립된 뒤 문교부가 최초로 발행한 '초등 국어 1-1' 교과서 편찬일인 1948년 10월 5일을 기리는 뜻에서 10월 5일로 한다. 10월은 개천절과 한글날이 나란히 하는 '문화의 달'이기도 하여 더욱 뜻깊다.

'교과서의 날'을 만든 뜻을 간추렸다.

"빛나는 졸업장을 타신 언니께 / 꽃다발을 한 아름 선사합니다. / 물려받은 책으로 공부를 하며 / 우리들은 언니 뒤를 따르렵니다."

초등학교 졸업식에서 불렀던 노래다. 요즘이야 교과서를 물려받을 일이 없지만, 나이 많은 사람들에겐 교과서가 아니더라도 전과나 자습서, 위인전을 물려받아 읽던 기억이 아슴아슴 피어날 것이다. 물려받은 책과 몽당연필 그리고 구겨진 양은 도시락과 보자기 책보, 조개탄 난로가 스멀스멀 떠오르고, 철수와 영이 그리고 바둑이는 누구나 지닌 살뜰한 추억이 아닐 수 없다.

1948년 대한민국 정부 첫 국정교과서는 바로 《국어 1-1(바둑이와 철수)》이다. 여기에 나오는 철수와 영이 그리고 바둑이는 어릴 적 동무처럼 살가운 이름들이다. 철수가 말한다.

"영이야, 이리 와 나하고 놀자."

"영이야, 이리 와 바둑이하고 놀자."

그런데 언제부터인가 영이가 영희로 바뀌었다. 그 시절 초등학생들은 철수처럼 착하고 영희처럼 곱기를 꿈꿨다. 그래서 철수와 영희는 '국민 이름'이었다. 반마다 큰 영희, 작은 영희로 부르는 토막극이 심심치 않게 벌어졌다. 1960년대에는 시골이나 서울 변두리 아이들이 거의 검정 고무신을 신었던 터라 그림에 나오는 철수와 영희가 신은 운동화가 몹시 부러웠다.

'바둑이와 철수'에 나오는 '철수'는 마치 일제강점기를 거친 적 없는 애처럼 밝고 씩씩하다. 책을 펴낸 박창해는 1916년 만주 길림성 용정에서 태어났다. 용정은 겨레 의식이 강한 기독교 세력이 뿌리를 내려 윤동주, 문익환 같은 이를 낳은 곳이기도 하다. 넉넉한 기독교 집안에서 태어난 박창해는 강아지를 동생처럼 키웠으며, 온 식구가 두레반에 빙 둘러앉아 밥을 먹고, 할아버지 등에 올라타 말타기를 하고, 아버지와 숨바꼭질도 하며, 동네에서 일본·러시아·중국 동무들과 어울려 놀았다. 여느 한국인과는 달리 식민지 의식이 거의 없이 자랐다고 봐도 지나치지 않기에 철수와 영희가 그토록 밝지 않았을까.

독립정신을 이어받은 박창해는 연희전문학교 문과에 들어가 최현배 선생을 만나면서 드물게 한글에 깃든 얼을 몸에 익힐 수 있었다. 1945년 해방이 되자 미군정청 문교부 편수사로 뽑혀 우리나라 첫 교과서 짓기를 이끌었다. 박창해가 펴낸 국어 교과서는 '가갸거겨' 따위 자모음 모양과 이름순으로 글씨만 배우던 것을 말끔히 털어내고 "바둑아, 바둑아 나하고 놀자"처럼 소리와 글씨, 낱말을 다 아울러 가르쳤다.

첫 꼭지에서 끝 꼭지까지 이야기가 꼬리를 물고 이어져 사람들을 놀라게 한 국어 교과서는 문화 잣대로 해방을 맞은 우리 말과 글, 생각 틀을 빚었다. 너나없이 헐벗어 읽을거리조차 변변치 않던 그 시절, 박창해가 만든 국어 교과서는 살아갈 길을 일러주는 길라잡이이기도 했다.

말이 오르면 나라가 오른다

주시경(국어학자, 독립운동가)

천지자연에 소리가 있으면 반드시 천지자연의 글이 있다.

훈민정음 해례본 서문에 나오는 말씀으로, 한글은 우리 소리를 묶어놓는 연모이다.

유네스코는 문맹을 없애는 데 애쓴 사람을 뽑아 '세계 문맹퇴치의 날'인 9월 8일에 상을 주는데, 이름이 '유네스코 세종대왕 문해상'이다. 까닭이 무엇일까?

백성에게 알릴 우리말을 한자로 적어야 하는 답답함을 견디지 못했던 세종. 백성이 겪는 안타까움에서 벗어나게 해주고 싶어 빚은 한글은 무척 쉽다. 미국 대학생들이 50분 만에 배워 제 이름을 적을 수 있을 만큼 쉬운 글씨이니 문맹퇴치에 주는 상으로는 이보다 더 걸맞을 수 없을 것이다.

이름은 훈민정음, '백성을 아우르는 바른 소리'였으나 흔히 언문이라고 했으며, '가갸거겨' 하며 익힌다고 해서 '가갸글'이라고도 하고, 아녀자들이나 쓰는 글이라 하여 '암글'이라고도 했다. 이걸 '한글'이라고 한 사람은 주시경(1876~1914년)이다.

주시경은 황해도 봉산군 쌍산면 천산리 무릉골에서 태어났다. "어머니와 누이가 산나물과 도라지를 캐어다가 죽을 쒀 형제들이 나이 차례로 나누어 먹으며 가까스로 목숨을 이어갈" 만큼 집안이 어려웠다. 1887년 서울에 양자로 보내져 네 해 동안 한학을 배웠다. 이때 스승이 한자 음대로 한 번 읽어주는데, 아이들은 한마디도 알아듣지 못하고 멍하니 앉았다가 스승이 우리말로 새겨줄 때 비로소 고개를 끄떡거렸다.

'우리말로 하면 바로 알아들을 수 있는데 왜 이토록 어려운 한문만 배워야 하지? 우리말을 쉽게 적을 수 있는 우리글은 왜 쓰지 않나?'

궁금해하며 우리말을 갈닦기로 마음을 굳힌 주시경. 배재학당 교사 박세양과 정인덕을 찾아가 신학문을 배우면서 "문화 강대국은 모두 제 나라 문자를 쓴다"는 말을 듣고 나라말이 종요롭다는 것을 다시금 깨닫는다. 스무 살 때 배재학당에 들어가 서재필과 헨리 아펜젤러에게 신학문을 배우고, 〈독립신문〉 교정을 보기 시작하면서 나라말 갈닦기에 온몸을 사른다. 독립하려면 나라말과 역사를 바르게 가르쳐야 한다고 굳게 믿고는 여러 학교와 남대문 옆 상동교회 부설 '국어강습소'에서 몸을 돌보지 않고 아이들에게 꿈을 심어준다. 그때 배운 아이들이 장지영, 이병기, 현상윤, 최현배, 염상섭으로 국내 항일 문화운동과 해방 뒤 어문학을 세우니, 주시경 강의실은 꿈을 품은 한국말 문학 아기집이었다.

본디 이름이 '상호'였으나 '늘 경을 읽는다'는 뜻을 담아 '시경'으로 바꾼 주시경. 일제에 짓밟힌 조선말이 앞으로 어떻게 될지 걱정하며 조선말을 모아 사전을 만드는 일이야말로 나라를 지키는 일이라 믿어 《말모이》라는 국어사전을 펴내느라 살림이 늘 쪼들렸다.

주시경이 뚫은 길은 네 갈래였다.

먼저, 책 펴냄. 학생용 교재 《대한국어문법》과 음성론과 소리갈 따위 국어문법 연구서인 《국어문전음학》을 펴냈다. 또 초등국어 교과서인 《국문초학》과 《국어문법》을 펴내 나라 힘을 되찾으려는 겨레 의식을 길렀다.

둘째, 지석영이 세운 국문연구회에 들어가 나라말 연구기관을 세워야 한다는 뜻을 세우고 뜨겁게 우리말을 갈닦았다. 나라말 뿌리, 본디 바탕과 발음이 바뀌어 온 흐름, 철자법을 다룬 〈국문연구안〉을 냈고, 이 바탕에서 〈국문연구의정안〉을 만들었다. 1908년 8월, 국문연구회를 만들었다.

셋째, 가르침. 겨레 얼결을 세우는 일로 1907년부터 상동 청년 학원에 국어강습소를 세워 한글을 가르쳤다. 이 밖에도 공옥, 이화, 숙명, 진명, 기호, 협성, 보성, 배재, 중앙, 경신 같은 20여 개 학교에서 나라말을 비롯해 우리 역사와 지리를 가르쳤다. '앉은 자리가 따뜻해질 겨를 없이' 책을 보자기에 싸서 이 학교 저 학교로 다닌다고 해서 '주보따리'라고 불렸다.

넷째, 계몽운동. 1906년부터 한 해 동안 〈가뎡잡지〉 펴낸이로 있으면서 여성 계몽 활동을 벌이며, 국권회복운동에 몸과 마음을 쏟았다.

주시경은 1910년 〈보중친목회보〉에서 국어를 '한나라 말', 국문을 '한나라 글'로 바꾸었다. 여기서 '한말', '한글'이라는 말이 나왔을 것이다. 한글이라는 낱말이 공식 자리에 처음 나타난 것은 1913년 3월 23일에 세운 '배달말글몯음'(조선어학회) 경과를 적바림한 '한글모 죽보기'이다.

1910년 8월, 오롯이 일제 식민지가 된 뒤 일제가 우리 겨레 얼결을 짓밟는 정책을 펴는데, 표적이 나라말과 나라 역사였다. 그러자 주시경은 조선어강습원을 열고 여러 학교를 돌아다니며 강의해 겨레 얼을 일깨웠다.

몸도 돌보지 않은 한글 갈닦기와 강의로 말미암아 1914년 7월 27일, 주시경은 서른여덟 젊은 나이에 숨을 거두었다. 제자들은 스승이 못다 이룬 사전을 펴내는 꿈을 이어받아 조선어학회를 만들고, '한글맞춤법통일안'을 만들어 현대 한글맞춤법 뿌리를 다졌다. 사전 펴내기를 막으려던 조선총독부는 1942년 10월, 조선어학회 회원 수십 사람을 임시정부와 한패라고 억지를 쓰며 족치는 '조선어학회 사건'을 일으켜 원고를 빼앗았다. 최현배, 이희승, 정인승 같은 이들은 갖은 어려움에 시달리다 감옥에서 광복을 맞는다.

해방을 맞아 조선어학회가 온 나라에서 한글강습회를 열어 80%대에 이르는 나라 사람들이 까막눈에서 벗어나도록 했다. '훈민정음해례본'에서 "슬기로운 사람은 아침을 마치기 전에, 어리보기도 열흘이면 뗄 수 있다"고 했을 만큼 배우기 쉬운 한글 덕분에 문맹률이 10% 아래로 떨어지는 '기적'을 이뤄냈다.

주시경은 "말이 오르면 나라가 오르고, 나라가 내리면 말도 내린다"고 했다.

살아선 빛과 소금, 죽어선 밀알 한 톨로

전영창(독립운동가, 교육가)

> 월급이 적은 곳, 내가 바라는 곳이 아니라 필요로 하는 곳, 승진 기회가 거의 없고, 처음부터 시작해야 하는 황무지, 아무도 가지 않고, 장래성이 전혀 없다고 생각되며, 존경 따위는 바라볼 수 없고, 한가운데가 아니라 가장자리, 부모나 아내가 반대하는 곳이라면 의심하지 말고 가라. 왕관이 아니라 단두대가 기다리는 곳을 골라서 가라.

어디에서 누가 누구에게 한 말일까? 거창고등학교에서 내놓은 '직업을 고르는 밑금 열 가지'를 간추린 내용이다. 참으로 엉뚱하다고 여길 분이 많을 텐데, 거창고등학교를 맡아 세운 전영창(1917~1976년)이 살아온 자취가 저랬다.

전영창은 1917년 12월 26일, 전라북도 무주군 적상면에서 태어났다. 아버지는 3·1 독립만세운동 주동자로 체포되어 옥고를 치른 전일봉이었다. 전영창은 1936년 전주 신흥학교 졸업반 때 신사참배를 강요받자 몰래 빠져나와 교장실로 들어가서 "왜 학생들이 일본 신도 신당으로 가게 놔두느냐"고 따졌다.

전영창은 일본 고베 신학교 시절, 일본 전폭기가 미국에 있는 진주만 해군기지를 공격한 다음 날 학교 기숙사에서 일본 경찰에게 체포된다. 죄목은 사상이 불온하고 신사참배를 거부했다는 것이었다. 전영창은 이태 동안 옥살이를 한다. 해방을 맞은 전영창은 1947년 4월, 맨 처음 한국 유학생 여권으로 미국에 건너가 펜실베이니아 웨스트민스터 신학교에서 배우다가 한국전쟁을 맞는다. 졸업을 앞둔 1951년 1월 3일, 맥아더가 한국에서 물러난다는 소식을 듣고는 곧장 우리나라로 돌아오겠다는 뜻을 굳힌다.

> 만약 공산주의가 한반도를 점령하면 나는 조국에 돌아갈 기회를 놓치고 만다. 만약 한국으로 가지 않으면 나는 동포를 배반한 것이다. 왜냐하면 나는 목자가 되려고 오랫동안 준비했는데, 막상 물에 빠진 양을 모른 체한다면 목자는커녕 사악한 사기꾼이 아닌가? 공산주의가 한국에 들어오기 전에 내가 할 일을 찾아야겠고, 또 그들이 한반도를 점령하

면 지하운동이라도 할 각오가 되어 있다.

학장은 졸업을 두 주 남기고 포탄이 쏟아지는 한국으로 돌아가겠다는 게 말이 되지 않는다며 "학위를 받으려면 졸업을 해야 하니 두 주일을 기다리며 사태를 지켜보자"고 막아섰다. 그러나 전영창은 나라가 위기에 빠졌는데 학위가 무슨 소용이냐며 뜻을 굽히지 않았다.

1951년 1월 14일 한국에 닿은 전영창은 미국에 사는 동무들에게 도움을 받아 1951년 5월 부산에 피난민을 보듬을 조그마한 천막병원을 차렸다. 값비싼 병원 치료를 받을 수 없어 시달리던 피난민들이 날마다 수백 사람씩 몰려들었다. 역시 피난민이던 의사 장기려가 팔을 걷고 나서는 데 힘입은 전영창은 미국 후원자들을 모아 수많은 목숨을 살렸다.

전쟁이 끝나자 미국 미주리주 센트루이스에 있는 콘코디아 신학대학원에 진학한 전영창은 이 나라 운명을 어깨에 메고, 통일과 평화를 이루어, 복지사회를 꾸려 살아가는 거름이 되겠다고 뜻을 세웠다.

1956년 2월 우리나라로 돌아온 전영창을 만난 거창고등학교 설립자 주경중은 거창고등학교가 빚에 넘어가 문을 닫게 되었으니 학교를 맡아달라고 매달린다. 선걸음으로 거창고등학교로 달려간 전영창. 호주 선교사 사택이던 학교는 초라한 오두막 같았다. 잡초로 뒤덮인 교실은 지붕이 뚫려 하늘이 보였다. 학교 재산이 모두 체신청에 저당 잡혀 언제 압류가 들어올지 몰랐다. 게다가 학교가 망할지도 모른다며 선생과 학생들이 다 떠나버린 뒤였다. 전영창은 남아 있던 학생 여덟 사람을 가르치기 시작했다. 아버지가 물려준 재산을 모두 팔고 미국 교회와 가까운 사람들에게 도움을 받아 빚을 갚았다.

'으뜸가는 사람이 정의로운 사람'이라고 꼽는 전영창은 학생들에게 봉사가 인격을 이루는 바탕이라고 말했다.

1970년 박정희 정권이 3선 개헌을 하려고 하자, 거창고등학교 학생들은 삼선개헌 반대 데모를 했다. 교육부에선 데모한 학생들을 다 퇴학시키라고 했다. 그러자 데모한 학생들을 모아놓고 전영창이 물었다.

"너희는 왜 데모를 했느냐?"

학생들은 입을 모아 말했다.

"교장 선생님은 뜻이 있는 곳에 길이 있다, 잘못된 것은 바로잡아야 한다고 가르치셨습니다. 그런데 유신정권은 민주 정권이 아니라 총칼로 잡은 잘못된 정권입니다. 이를 밝히고 잘못을 잘못이라고 한 것이 무슨 죄입니까?"

전영창이 학생들을 퇴학시킬 수 없다고 버티자 교육부는 교장 취소 처분을 내렸다. 옳지 않다며 소송을 낸 전영창은 이듬해 4월 대법원에서 이겨 다시 교장으로 돌아온다. 1972년 11월, 정부는 거창국민학교 강당에 군내 초·중·고등학교 교사들을 모아놓고 전영창에게 삼선개헌이 옳다고 말해달라고 했다. 강단에 오른 전영창은 "칼을 쓰는 자는 칼로 망한다"는 성경 구절을 인용, 유신정권은 망하고 만다는 말로 끝맺었다. 그 뒤로 거창고등학교는 국가 지원금을 한 푼도 받지 못했다.

거창고등학교 18회 졸업식에서 전영창은 이렇게 말했다.

"여러분! 세상에 정의보다 강한 힘은 없습니다. 물론 언뜻 보기에는 악이 언제나 강하고 의는 늘 약한 것처럼 보입니다. 그러나 길게 보면 악은 언제나 지고, 의는 승리했습니다. 히틀러와 무솔리니, 도조 히데키가 한꺼번에 전 세계를 지배한 것 같았지만 마치 여름날 지붕에 난 풀과 같았습니다."

전영창은 "인류진보운동을 할 때도 세상과 타협하지 않는 사람을 믿어야 한다"고 입버릇처럼 말했다. 군사정권 서슬이 시퍼럴 때도 이런 말로 젊은이들을 흔들었다.

"나는 믿습니다. 이 나라 운명은 대학생 제군에게 있다고. 정치가도 아니요, 경제가도 아니요, 법학도가 아닌 저로서는 어떤 방법으로 이 나라에 혁명을 일으키라는 말은 못 하겠으나, 좌우

간 40대 이상 사람들보다 정의감이 강한 여러분이 혁명을 일으켜야 하겠습니다. 나는 암살과 중상모략, 허위선전, 정치·경제적 야망을 가지고 혁명을 일으키는 것은 절대 반대입니다. 그러나 정의와 진정한 애국심에 따른 혁명은 절대 찬성입니다."

> 불의 앞에서는 맹수보다 더하고 일신 고난 앞에선 위대한
> 노예로 순진했던 이!
> 님은 살아생전에 우리에게 빛과 소금이었고,
> 죽어선 한 알의 밀알로 이 땅에 묻히셨도다.

전영창 선생을 기리는 글이다.

문화재는 한겨레 얼을 이어주는 고리

전형필(교육자, 문화재수집가)

상 위에 파르라니 빛나는 고려청자가 놓여 있다. 비췻빛 하늘에 흰 구름이 떠돌고 학 수십 마리가 날아 오르내리는 매병.

"2만 원!"

밑도 끝도 없이 한마디 내뱉은 임자는 바로 입을 다문다. 1935년 당시 서울에 있는 기와집 스무 채, 쌀 1,250가마에 버금가는 돈. 적막이 흐르고 이윽고 조선인 젊은이가 입을 열었다.

"그러리다."

매병 임자는 '식민지 애송이가 설마?' 하며 불렀는데, 딱하게 됐다. 국보 68호 '청자상감운학문매병'이 전형필에게 넘어오는 순간이었다.

서울에서도 으뜸가는 갑부 집안에서 태어난 전형필(1906~

1962년)은 여름에는 삼베 저고리, 겨울에는 흰 두루마기를 입었다. 물려받은 돈은 국보급 문화재가 나라 밖으로 빠져나가지 못하게 막는 데 다 썼다. 그래서 '훈민정음해례본'과 국보급 고려청자들, 추사 김정희 글씨, 겸재 정선과 단원 김홍도 그림처럼 우리 얼을 드날리는 문화재가 다른 나라를 떠도는 아픔을 막을 수 있었다.

문화재를 모으는 것으로 독립운동을 한 전형필은 1938년, 일제 막된 짓이 꼭지에 이를 무렵 성북동에 보화각을 세웠다. 뜻을 모은 우리 지식인들은 마음대로 드나들며 작품을 누리고 예술을 갈닦을 수 있었지만, 일본 사람은 드나들지 못하게 막았다. 고려 넋이 담긴 청자, 석탑, 한글 창제 원리가 적힌 '훈민정음해례본'이 보화각에 있는 줄 조선총독부는 몰라야 했다. 일제는 그저 세월도 정치도 모른 채 골동품 수집에 넋이나 쏟는 여느 재산가가 사는 집으로 알면 되었다. 전형필은 기와집을 수십 채나 살 돈으로 조그만 문화재 하나를 사들이고, 일본까지 날아가 영국 수집가와 흥정하고, 인천항에서 배에 실리기 바로 앞에 석탑을 건져냈다.

간송 전형필이 어째서 문화재를 모았는지 알려면 바탕을 알아야 한다. 일제는 우리나라 문화를 지우려고 생각할 수도 없을 만큼 꼼꼼하고 모질었다. 우리 얼을 담은 교육은 말할 것도 없이 이름조차 바꾸라고 을러댔다. 한일합병은 1910년에 이루어졌지만, 여러 해 앞서 이미 조선 곳곳에 퍼져 있던 미술품과 문화재를 샅샅이 뒤져 쉽게 찾을 수 있도록 추려놓을 만큼 촘촘했다.

대학 유학 시절 잠시 귀국한 간송은 위창 오세창을 만나면서 우리 문화재를 지키겠다는 뜻을 세웠다. 3·1운동 겨레대표 33인 가운데 한 사람인 위창은 추사 김정희를 잇는 서화 대가로, 항일운동으로 옥고를 치른 뒤 고대부터 조선까지 서화가를 두루 아우른《근역서화징》을 펴냈다.

위창에게 옛 그림과 골동품 보는 눈을 배우고 익힌 간송은 나라를 누비며 골동품을 찾아내는 거간, 경성미술구락부 경매, 일본인 수장가와 영국인 수장가에게서 절대 일본으로 넘어가면 안 된다고 여기는 작품들을 되찾아오는 일에 매달렸다. 여기에는 조선과 일본 여기저기 흩뿌려진 수많은 골동품에서 보존 가치를 헤아려 짚고, 진본을 가려내는 직관과 보는 눈이 있어야 했다. 또 작가 일대기를 두루 꿰어 작품을 씨줄날줄로 엮어 모아야 하니 역사와 고증에도 밝아야 했다. 아울러 서슬 퍼런 조선총독부, 일본인 재력가들과 맞서려면 빠른 판단력과 담력이 따라야 했다. 무엇보다 믿음직하게 도울 이는 말할 것도 없이 하늘까지 나서서 두루 도와야 했다.

가장 먼저 간송을 사로잡은 화가는 겸재 정선이었다. 간송미술관에 있는 겸재 작품이 200점이 넘어 국립중앙박물관보다 많은 것도 이 때문이다. 겸재는 중국 왕조 규범을 베끼고 따르던 관행에서 벗어나 우리 풍속과 풍경을 보고 그려 생각에 머무르던 우리 얼을 우리 삶에서 찾아 오롯이 드러냈다. 간송이 모은 겸재 작품집에서 가장 널리 알려진 것이 〈해악전신첩〉이다. 어느 날 거간 장형수가 친일파 송병준 집을 둘러보다 손자를 만나 하룻밤을 묵는데, 한 머슴이 범상치 않아 보이는 종이를 불쏘시개 삼아 군불을 땠다. 달려가 살펴보니 겸재 화첩이었다. 그 화첩을 산 장형수는 간송에게 그림과 골동품을 대주는 거간 이순황을 찾았다. 42첩 화폭에는 중국에도 없고 일본에도 없는 우리 '진경' 문화가 고스란했는데, 이 화첩이 바로 〈해악전신첩〉이다.

간송은 또 《조선왕조실록》에도 나오지 않을 뿐 아니라 도화서 기록에도 제대로 드러나지 않으며 나고 죽은 연대조차 알려지지 않은 천재 화가 혜원 신윤복에게 마음을 빼앗겼다. 이 마음은 혜원이 그린 〈미인도〉를 만나면서 비롯됐다. 어느 해 야마나카 상회 오사카 지점에서 신윤복 풍속화첩을 가지고 있다는 얘기를 들은 간송은 노회한 일본 수장가를 여러 차례에 걸쳐 만나 담판을 지었으나 손에 넣을 수 없었다. 그래도 지칠 줄 모르고 끈질기게 물고 늘어지는 열정과 기개에 놀란 수장가는 혜원

풍속화첩을 내놨다. 뒷날 〈혜원전신첩〉이라 이름 지어진 국보는 이와 같은 뜨거움에서 되살아났다.

간송은 값을 매길 수 없는 겨레 유산이라고 여기면 가산을 팔아 사들이기를 서슴지 않았다. 그렇게 우리 겨레 문화사를 꿰뚫는 거의 모든 시기, 거의 모든 작품을 사들였다. 우리 겨레 문화결을 후손에게 가지런히 물려주려면 없어서는 안 될 값진 자산이었다. 그러나 간송은 1945년 해방을 맞자 더는 문화재를 사들이지 않았다. 아까운 문화유산이 일본으로 흘러가는 것을 막으려는 뜻이었으니, 해방된 대한민국에서는 누가 문화재를 가지고 있든지 마음이 놓였다는 뜻이다.

겨레 미술을 지켜 흩어지고 빛바랜 우리다움을 되살리는 창이 되려 했던 간송 전형필.

문화재는 단순한 아름다움이 아니라 한겨레 얼을 모으고 이어주는 고리이자, 이제 우리를 일으켜 세우는 불빛이며 줏대임을 잘 알았다.

한국 사람보다 한국을 더 사랑한 눈 푸른 신사

호머 헐버트(선교사, 교육자, 독립운동가)

2013년 12월 27일, 서울시는 당주동 주시경마당에서 훈민정음을 '한글'이라 이름 붙인 한글학자 주시경과 한글을 세계에 널리 알리는 데 힘쓴 미국 사람 호머 헐버트Homer Hulbert(1863~1949년)를 기리는 '한글역사인물 상징조형물' 제막식을 했다. 상징조형물은 주시경과 헐버트 인물상을 돋을새김하고 한글 자음과 모음을 담아냈다.

1886년 7월, 눈 푸른 젊은이가 조선 땅을 밟는다. 스물세 살 난 미국 사학자 호머 헐버트 박사로, 성 음을 따 우리 이름은 '할보'라 했다. 조선에서 처음으로 세운 근대교육기관 육영공원에서 수학, 자연과학, 역사, 정치, 지리를 가르쳤다. 조선에 오고 나흘 만에 알파벳보다 쓰기 쉽고 알기 쉬운 한글이 있다는 것을 알고 놀란 헐버트는 바로 한글을 배웠다. 그리고 세 해 만인 1889년, 조선에서 가장 먼저 순 한글로 된 교과서 세계지리서 《사민필지》를 썼다. 한글 신문인 〈독립신문〉 창간을 도우며 "조선이 살길은 교육뿐!"이라고 외친 헐버트는 나라말을 널리 퍼뜨려 조선 사람을 일깨워야 한다고 생각했다.

육영공원 교사를 그만두고 잠시 미국으로 돌아갔던 이태를 빼고는 1907년까지 스무 해 남짓 한국에 머무르면서 여론을 이끌고 교육에 매달렸다. 동대문교회 담임목사를 지내고, 1897년 한성사범학교 교장, 1902년 관립 중학교(경기중·고등학교) 교관을 지냈으며, 1903년 YMCA를 세웠다. 고종 외교 고문으로 일하면서 한국 역사책《한국사》(1905년)와《대한제국 멸망사The Passing of Korea》(1906년)를 지어 나라 밖에 한국을 알린다.

헐버트는 한글자강운동과 우리글을 바탕으로 뭉쳐 스스로 힘을 갖추자는 운동을 펼친 국어학자 주시경을 기르고, 주시경과 함께 한글 띄어쓰기와 점찍기 따위 맞춤법과 문법을 갈닦아 널리 퍼뜨린 교육자이다.《대한제국 멸망사》에서 "이런 까닭에 중국인들이 세계 어떤 글씨보다도 간단하고 음운을 폭넓게 적바림할 수 있는 한글을 써야 한다고 나는 감히 주장해왔다"고도 했다. 또 미국 청소년에게 한국을 알리려고 제주도에서 펼쳐지는 장편 모험소설《안개 속의 얼굴》(1926년)을 쓰기도 했는데, 이 책은 2011년 국내에서도 출간됐다.

2013년 8월 13일, 문경새재에서 헐버트가 한국과 아리랑을 남달리 아낀 것을 기리는 '문경새재 아리랑비' 제막식이 열렸다. 헐버트는 1896년 입에서 입으로 내려온 아리랑을 서양 악보로 옮겨 '한국인 소리Korean Vocal Music'라는 논문에 올려 다른 나라에 알렸다. 문경아리랑은 서양 악보에 맨 처음 담긴 아리랑이다. 이 논문에서 헐버트는 "아리랑은 한국인에게 쌀과 같다"고 했다. 한국 사람 몸을 쌀이 지켜줬듯 아리랑으로 얼을 이어왔다는 뜻이다. 헐버트는 노랫말도 가락도 흥겨울 때마다 이리저리 부르는 한국 사람을 '즉흥곡 명수'라 했다. 아리랑이 유네스코 세계문화유산이 된 맨 앞에 사학자 헐버트가 있었다.

헐버트는 1907년 제2차 헤이그 만국평화회의에 특사로 임명되어 이상설, 이준, 이위종을 도와 그릇된 일본을 세계에 고발했다. 대한제국을 북돋우는 데 몸과 마음을 바치는 헐버트를 눈엣가시로 여긴 일제는 헐버트를 미국으로 내쫓는다. 헐버트는 미국으로 쫓겨난 뒤에도 물러서지 않고 "한국은 끝까지 투쟁할 것"이라며 독립운동을 뜨겁게 이어갔다.

1909년 10월 26일 하얼빈역에서 조선 통감 이토 히로부미를 쏴 죽인 안중근 의사도 1909년 12월 2일 여순 감옥에서 조사를 받으며 가슴에 담아둔 헐버트 박사 얘기를 했다.

헐버트 박사는 이토 히로부미가 혹독한 정략을 쓰고도 세계 여러 나라의 눈을 가리는 데 분개해 세계 여러 나라에 한국의 참마음을 알려준 사람으로, 한국을 감싸려고 몸과 마음을 바친 분을 한국 사람이라면 어찌 하루라도 잊을 수 있으랴.

1907년 일제에 쫓겨난 헐버트가 다시 한국을 찾은 것은 1949년, 나이 여든여섯이었을 때다. 그러나 한국에 다시 발을 디딘 지 일주일 만에 광복절과 건국기념 행사도 보지 못하고 숨을 거뒀다.

생김새가 마치 '누에가 머리를 치켜든 모양 같다' 하여 '덜머리'라는 정겨운 이름을 가졌던 절두산 봉우리 한 모퉁이에 있는 외국인 선교사 공원묘지에 누운 헐버트. 묘지 돌에는 유언으로 남긴 "나는 웨스트민스터 성당보다 한국 땅에 묻히기를 원하노라"라는 글과 "한국인보다 한국을 더 사랑했고, 조국보다 한국에 헌신했던 빅토리아풍 신사 헐버트 박사 이곳에 잠들다" 하는 글이 가지런하다.

안동에서 이름 날린 난봉꾼에게 비밀이

김용환(독립운동가)

해방 이듬해 숨을 거둔 김용환(1887~1946년)은 조선에서 몇 손가락에 꼽히는 노름꾼으로 안동에서 이름을 날렸던 난봉꾼이다.

김용환은 도박에 빠져 아내가 아이 낳는 줄도 모르고 땅 칠백 마지기를 노름으로 날린 뒤, 아내 손을 잡으며 굳게 다짐했다.

"미안하오. 오면서 깊이 뉘우쳤소. 이제 달라지겠소."

그러고는 이내 집에 있던 땅문서를 들고 투전판으로 달려갔다.

안동에 있는 노름판이란 노름판에는 모조리 끼었던 김용환은 초저녁부터 노름하다가 새벽녘이면 판돈을 모두 걸고 마지막 승부수를 띄웠다. 돈을 따면 그대로 좋고, 잃으면 도박장 둘레에 숨겨놓은 아랫사람들을 시켜 판돈을 덮쳐 유유히 사라졌던 김용환. 그러던 끝에 대대로 살아온 종갓집과 논과 밭 18만 평(요즘 돈 200억 원)을 다 팔아넘기고는 사당 신주까지 팔아치우려는 것을 문중 사람들이 뜯어말리기도 여러 차례였다.

급기야 시집간 외동딸에게 시댁에서 신행 때 농을 사 오라고 준 돈마저 가로채서 노름으로 다 없애고는 헌 농짝을 들려 보냈다. 이처럼 김용환은 노름꾼 아비를 둔 탓에 지은 죄도 없이 주눅 들어 시집살이하는 외동딸에게 애써 고개를 돌린 매몰찬 아비였다.

형편이 이러했으니 동네 사람 둘만 모이면 온통 김용환을 흉보기 바빴다. 오죽하면 윤학준은 《양반동네 소동기》라는 책에서 근대 우리나라 3대 난봉꾼으로 흥선대원군 이하응, 1930년대 형평사운동 투사였던 김남수 그리고 김용환을 꼽았다.

김용환은 해방 다음 해인 1946년 4월 26일 세상을 떠났다. 세월이 얼추 흐른 뒤 여러 증언과 자료가 노름빚으로 다 털린 줄 알았던 집안 재산이 만주 독립군 군자금으로 흘러 들어간 사실을 드러내 노름꾼 김용환이 독립투사였음을 밝혔다. 김용환이 재산을 다 털어 남몰래 독립운동을 돕게 된 바탕은 할아버지 대로 거슬러 올라간다. 할아버지 김흥락이 사촌인 의병대장 김회락을 숨겨줬다가 왜경에게 들켜 종가 마당에서 무릎 꿇는 모습을 지켜본 김용환은 항일운동에 몸 바치겠다고 마음먹었다. 그리고 식구들이 어려움을 겪지 않게 하려면 남몰래 해야 한다고 마음을 다졌다.

눈을 피해 독립군 군자금을 대려고 노름꾼 노릇을 했던 김용환은 빼앗긴 나라를 되찾으려고 평생 난봉꾼 소리를 들어야 했다. 숨을 거두기에 앞서 속을 잘 아는 오랜 동무가 "이제는 말할 때도 되지 않았느냐"고 짚었지만, "선비로서 마땅히 할 일을 했을 뿐, 아무런 말도 하지 말라"며 눈을 감았다.

반세기가 흐른 1995년, 정부는 김용환에게 건국훈장 애족장을 주었다. 평생 아버지 탓을 하며 살았던 외동딸 김후웅은 아버지에게 건국훈장이 주어지던 날, 우러름과 안타까움을 담은 '우리 아배 참봉 나으리'라는 시를 남겼다.

그럭저럭 나이 차서 십육 세에 시집가니
청송 마평서씨문에 혼인은 하였으나
신행날 받았어도 갈 수 없는 딱한 사정.
신행 때 농 사오라 시댁에서 맡긴 돈
그 돈마저 가져가서 어디에다 쓰셨는지?
우리 아배 기다리며 신행날 늦추다가
큰어매 쓰던 헌 농 신행 발에 싣고 가니

주위에서 쑥덕쑥덕.

그로부터 시집살이 주눅 들어 안절부절

끝내는 귀신 붙어 왔다 하여 강변 모래밭에 꺼내다가

부수어 불태우니 오동나무 삼층장이 불길은 왜 그리도 높던지

새색시 오만간장 그 광경 어떠할고.

이 모든 것 우리 아배 원망하며

별난 시집 사느라고 오만간장 녹였더니

오늘에야 알고 보니 이 모든 것 저 모든 것 독립군 자금 위해

그 많던 천석 재산 다 바쳐도 모자라서

하나뿐인 외동딸 시댁에서 보낸 농값, 그것마저 다 바쳤구나.

그러면 그렇지 우리 아배 참봉 나으리.

내 생각한 대로 절대 남들이 말하는 파락호 아닐진대.

우리 아배 참봉 나으리.

죽음을 앞둔 '마지막 강의'

랜디 포시(대학교수)

2007년 9월 18일, 미국 카네기멜런대학에서 훤칠하게 키가 크고 잘생긴 마흔여섯 살 난 교수가 마지막 강의를 했다. 피츠버그 신문들은 말할 것도 없고, 〈월스트리트 저널〉 같은 신문들이 이 강의를 다루었다. 강의 제목은 '어린 시절 꿈을 실제로 이루기'로 소박했다. 주인공 랜디 포시Randolph Pausch(1960~2008년) 교수는 췌장암 말기 환자로 벼랑 끝에 서 있었다. 사형선고를 받고 살아서 하는 마지막 강의…….

랜디 포시는 카네기멜런대학에서 컴퓨터과학, 사람과 컴퓨터가 서로 영향을 끼치는 '가상현실'을 연구했다. 아이 셋과 사랑하는 아내 재이와 더불어 즐겁고 기꺼이 살아가던 랜디에게 췌장암에 걸렸다는 마른하늘에 날벼락이 떨어진다. 살아남으려고 이리 뛰고 저리 뛰었지만, 돌아온 것은 여섯 달 안에 삶이

닫힌다는 소리였다.

마무리. 그러나 누가 보아도 죽음을 앞둔 사람이라는 생각이 들지 않을 만큼 뜨거운 강의를 했다. 파워포인트 첫머리에 C/T 사진을 올렸다. 종양 덩어리. 랜디는 “저 종양 덩어리가 틀림없이 제 것인데, 저는 한 손으로 팔굽혀펴기를 할 만큼 튼튼합니다” 하며 팔굽혀펴기를 해 보이고는 이렇게 덧붙였다.

“그러나 더는 손에 든 카드 패를 바꿀 수 없다면 어쩌시겠습니까? 남은 일은 그 패를 가지고 ‘어떻게 놀 것인가?’뿐입니다. 저는 마지막까지 즐겁게 살렵니다.”

쾌활하게 얘기를 이끌어가는 랜디 포시. 그러나 나중에 펴낸 책《마지막 강의》에서 강의에 앞서 아내와 아이들, 사람들과 눈길을 마주치지 않으려고 얼마나 애썼는지 모른다고 털어놨다.

랜디 포시는 평생토록 한 일이 어릴 때 꾸던 꿈을 이루려는 몸부림이었다고 했다. 꿈을 이뤄가는 학생들에게 손을 내밀던 얘기와 오늘이 있기까지 살갑게 보듬어준 어머니와 아버지 그리고 선배와 선생님들과 얽힌 얘기를 하면서 믿기 힘들 만큼 크나큰 복이었다고 돌아봤다.

“저는 초등학교 다닐 때 제 방에 그림을 그리기로 마음먹었어요. 늘 잠수함과 엘리베이터를 그렸죠. 부모님이 그렇게 하도록 내버려두셨어요. 성내지 않고. 참으로 놀라운 것은요, 그 그림들이 여태 그대로 있답니다. 이 자리에 온 어머니, 아버지. 아이들이 벽에 그림을 그리고 싶어 하면 저를 밀어주신다는 마음으로 그림을 그리게 해주세요. 집값 떨어질 걱정일랑 잠깐 내려놓으시고."

랜디 포시는 이런 이야기도 했다.

"제가 이 강의를 하겠다고 말씀드렸을 때 코혼 총장은 '즐거움 얘기를 꼭 해주게. 왜냐하면 자네 하면 가장 먼저 떠오르는 게 바로 즐거움이기 때문이야' 하셨습니다. 그래서 '네, 할 수 있어요. 물고기에게 물이 중요하다고 얘기하는 것처럼 싱거운 얘기가 없을 테지만요' 했죠. 어떻게 즐거움을 따르지 않을 수 있겠느냐는 얘기예요. 저는 죽을 만큼 즐겁고 싶어요."

돌아보니 선배나 선생님들뿐만 아니라 학생들에게도 배운 것이 적지 않았다며, 가려 담아뒀던 깊은 속내도 털어놓았다.

즐기세요. 삶은 즐길수록 내 것입니다.

물러서지 마세요. 벽에 부딪히거든, 절실함이 드러났다는 것을 잊지 마세요.

솔직하세요. 솔직함이 바로 꿈을 이룹니다.

으뜸가는 꿈은 쓰레기통 맨 밑바닥에 있습니다. 그러니 건져 올리세요.

뭘 망쳤다면 잘못했다고 비세요. 비는 건 끝이 아니라 사이를 새로이 가꿀 겨를입니다.

나보다 곁사람에게 더 마음 모으세요. 그만큼 삶이 넉넉해져요.

고마움을 드러내세요. 고마워할수록 그릇은 더 커집니다.

준비하세요. 행운은 준비가 기회를 만날 때 온답니다.

모든 데서 좋음을 발견하세요. 깡그리 나쁜 사람은 없어요.

도움말을 소중히 여기세요. 도움말에 답이 있습니다.

이제 곧 세상을 떠날 사람이 뒤에 남아야 할 사람에게 남기는 가슴 뭉클한 이야기. 랜디는 다시는 만날 수 없을 세 아이 로건, 딜런, 클로에한테 남기는 얘기라고 털어놓는다.

강의가 끝나고 강의장을 메운 사람들은 모두 일어서서 힘차게 손뼉을 쳤다. 삶을 마무리하는 사람이 어떠해야 하는가를 온몸으로 보여주고 떠나가는 사람에게 보내는 마음이었다. 손뼉 소리가 잦아들자 카네기멜런대학 총장 제러드 코혼은 컴퓨터 공학과 예술을 묶어 새로운 길을 연 학자 랜디 포시 교수를 기려 카네기멜런대학 캠퍼스 컴퓨터공학관과 예술관을 잇는 다리를 '랜디 포시 다리'로 하겠다고 밝혔다.

마지막 강의 뒤에도 비록 시한부지만 삶이 이어졌다. 랜디는 하루에 한 시간씩 자전거를 타고, 세 아이와 신나게 놀고, 아내와 단둘이 뒤늦은 밀월을 즐기며 '삶을 즐기라'고 한 말을 지켜냈다.

피츠버그시는 11월 19일을 '랜디 포시 날'로 했다. 사랑에 바탕을 둔 가슴이 어떤 힘을 끌어올리는가를 드러낸 랜디 포시는 2008년 7월 25일 나이 마흔일곱 살로 눈을 감았다.

진짜 장애는 억눌린 얼이다

에이미 멀린스(육상선수, 모델)

사람들이 저를 만나면 장애인 같지 않다고 해요. 그 말씀은 제가 장애인이라는 말이잖아요. 근데 제가 왜 장애인이죠? 파멜라 앤더슨과 저를 견주어볼까요? 저는 다리가 없어 두 다리밖에 몸에 붙인 게 없는데도 장애인 소리를 듣고, 파멜라 앤더슨은 저보다 훨씬 더 많이 넣었는데 왜 장애인이라고 하지 않나요?

타고난 장애로 한 살 때 두 다리를 자른 장애인 에이미 멀린스Aimee Mullins가 TED에 올린 입담에 사람들은 웃음을 터뜨렸다.

에이미 멀린스는 태어나면서부터 종아리뼈가 없었다. '다리를 그냥 두어 평생 휠체어에 앉아 살게 할 것인가, 아니면 다리를 잘라내고 의족을 끼워 힘들지만 걷게 할 것인가?'를 고민하던 어버이는 살을 에는 아픔을 참으며 한 살밖에 되지 않은 딸아이 무릎 아래를 잘라냈다.

조지타운대학 시절, 에이미는 무릎 아래에 의족을 끼우고 일반 선수들과 나란히 뛰었다. 스물두 살 때는 미국에서 가장 큰 스포츠 대회 가운데 하나인 '빅 이스트Big East'에 나갔다. 100m 달리기 결승선을 15m 앞두고 의족이 빠졌다. 에이미 멀린스는 5천여 관중 앞에 드러난 다리가 민망스러웠다. 쩔쩔매며 경기를 그만두려던 에이미에게 코치가 말했다.

"그게 뭐 어때서? 에이미, 다시 끼우면 되잖아! 그리고 경기를 끝내버리는 거야!"

이 한마디가 에이미에게 장애를 벗어던지게 했다.

졸업을 앞두고 전미 대학체전에 학교 대표로 나섰다. 땀에 찬 의족이 미끈거려 기록이 그리 좋지는 않았지만, 관중석을 메운 학생들은 1등과 2초 차로 100m 결승선에 들어오는 에이미를 기립박수로 맞았다. 미국 장애인 육상선수이자 패션모델 그리고 영화배우이기도 한 에이미 멀린스는 1996년 장애인올림픽 세 종목에서 세계신기록을 갈아치웠다. 100m 15.77초, 200m 34.60초, 그리고 멀리뛰기 3.5m 기록.

에이미는 지방시 수석 디자이너 알렉산더 맥퀸이 런던에서 펼친 '99년 봄 컬렉션' 무대를 여는 모델로도 참가했다. 에이미가 의족을 끼우고 무대를 도는 동안 관객 대부분은 장애인이라는 것을 눈치채지 못했다. 맥퀸은 "언론 관심을 끌려고 그런 것이 아니라 아름다움을 바라보는 고정관념을 깨뜨리려고 에이미를 뽑았다"고 말했다. 에이미는 미국 〈피플〉지가 가려 뽑은 '가장 아름다운 여성 50인'에 오르기도 했다.

가장 날 선 사춘기 때 겪은 어려움을 묻는 한국 언론인 황정의에게 에이미 멀린스는 미니스커트가 널리 퍼졌을 때 참으로 견디기 힘들었다고 했다. 어떻게 넘어섰느냐는 물음에 이렇게 말했다.

"남자 친구 에릭 덕분이에요. 에릭과 나는 고등학교 1학년 때 만났어요. 에릭은 미남인 데다가 축구부 주장이어서 여학생들에게 인기가 많았어요. 사귀고 얼마 되지 않아 에릭에게 '왜 하필 다리도 없는 나와 사귀느냐'고 물었더니, 에릭이 웃으면서 '다리가 없다는 걸 눈치챘을 때는 이미 홀딱 반한 다음'이었다고 했어요. 에릭이 내 다리에 마음을 쓰지 않았기 때문에 나는 콤플렉스에서 벗어날 수 있었죠."

비슷한 처지에 놓인 한국 사람들에게 한마디 해달라고 하자 이렇게 말했다.

"무슨 일이든 절대로 몸 때문에 지레 포기하지 마세요. 차이가 없지 않지만, 장애인을 바라보는 눈길은 어디나 마찬가지예요. 신경 쓰지 마세요. 남이 뭐라든지 하고 싶은 일을 하세요. 가고 싶은 길을 가는 겁니다. 스티븐 호킹 박사를 보세요. 손가락 하나 까딱할 수 없는 장애인이지만, 인류에게 아름다운 우주를 일깨워주었잖아요."

연은 바람을 타고 높이 날고, 모진 바람을 맞은 나무는 뿌리를 깊이 내려야 산다는 것을 안다. 굽이굽이 살아가는 길, 곳곳에 함께하고 부추기고 북돋우는 벗이 있어 살아갈 수 있다. 그 모든 것이 어우러져 삶결을 이룬다.

2011년 10월 26일, 장애를 새로이 새기는 애기 마당이 워싱턴에 있는 케네디센터에서 열렸다. 이 자리에서 에이미 멀린스는 그동안 겪은 일을 털어놓으며 장애를 새롭게 새겨 많은 마음을 샀다. 특히 힘없음을 일컫는 '장애disability'가 아니라, 가지고 있는 몸을 써서 더 빼어날 수 있다는 뜻을 담아 '넘어섬superability'으로 말결을 바꾸어 장애인을 바라보는 눈길을 바꾸는 데 크게 이바지했다. 에이미는 말한다.

장애인이란 몸 한구석을 쓸 수 없는 사람이 아니다. 내 생각에 진짜 장애는 억눌린 얼이다. 얼이 억눌리고 꿈을 잃어 아름다움을 보지도 못하는 것이다. 아이처럼 자연스럽게 일어나는 호기심이 없고 상상력도 잃는 것이다. 그렇지만 얼에 꿈을 심고 나와 남이 지닌 아름다움을 드러내어 호기심과 상상 나래를 편다면, 누구나 제힘으로 일어서서 빛날 것이다. 얼결이 고와질 때 우리는 새누리를 열고 새 삶을 빚을 수 있다.

세상은 불편을 견디지 못하는 사람이 바꾼다

반 필립스(보철발명가)

2009년 시월 '마음의 손으로 보는 전시회'란 제목에 끌려 시각 장애인 조각가 조각전에 갔다. 바닥까지 드리운 전시장 커튼을 헤집고 들어섰는데 눈앞이 캄캄했다. 그제야 표를 받는 이가 "오른쪽 벽부터 더듬어 가세요" 하던 말이 떠올랐다. 벽을 따라 조각을 손으로 더듬었으나 오뚝한 이마, 뾰족한 코, 살짝 벌린 입이 손에 잡힌다. 그러나 아무리 더듬어도 어떤 조각인지 알 수 없었다.

전시장을 나와 벽에 걸린 작품 사진을 보고서야 내가 더듬은 조각품이 어떻게 생겼는지를 알아차렸다. 전시물 사진 옆에 전시회를 본 소감을 적은 글이 빼곡히 붙어 있었는데, 소감문 하나가 가슴을 먹먹하게 했다.

저는 시각장애가 있는 아이 엄마입니다.

저는 제 아이를 아주 잘 헤아린다고 여겼어요.

그런데 오늘에서야 제가 제 아이를 조금도 알지 못하고 있구나, 알아차렸어요.

저는 제가 힘든 것만 알고 아이가 겪고 있는 어둠은 몰랐어요. 눈 부릅뜨고 아이 모습만 살피려고 했지, 아이와 함께 어둠 속에 있은 적은 없었어요.

사고로 팔다리를 잃거나 태어날 때부터 장애가 있는 사람들을 보듬는 의수, 의족 역사는 인류 역사만큼이나 길다. 그런데도 제2차 세계대전과 한국전쟁을 지나면서 많은 사람이 팔다리를 잃었지만 의수나 의족은 모양과 기능이 달라진 것이 없었다. 오래도록 의족이나 의수를 만들면서 가장 앞세운 '쓸모'는 그것을 쓴다는 것을 남들이 눈치채지 못하게 해야 하는 것이었다. 서늘한 눈총을 견뎌야 하는 장애인과 그 식구들에게 가장 종요로운 것은 '보는 이가 눈살 찌푸리지 않게' 하는 것이었기에 '조금이라도 더 살결에 가까운 재질과 모양'을 갖추는 쪽으로 거듭났다.

그런데 이 흐름을 단숨에 뒤집은 사람이 있다. 반 필립스Van Phillips다. 필립스가 만든 치타, '플렉스풋Flex-Foot'은 마치 다이빙

보드를 다리에 끼워놓은 듯하다. 탄소섬유로 만들어진 의족은 누가 봐도 사람 다리와는 거리가 멀다. 목적을 다리가 없다는 걸 숨기는 데 두지 않고 '다리가 있다면 누렸을 삶을 즐기도록 하는 데' 두었기 때문이다.

반 필립스가 수상스키를 타다가 사고가 나 왼쪽 무릎 아래를 잃었을 때 나이는 스물한 살, 애리조나 주립대학 신문방송학과 3학년이었다. 밝고 활달하던 필립스에게 중요한 것은 '남들이 내 장애를 어떻게 바라볼까'가 아니라 '어떻게 하면 앞으로도 내 삶을 한결같이 즐길 수 있을까'였다. 눈길을 '바라보는 네'게 두지 않고 '살아가는 내'게 둔 것이다.

필립스는 노스웨스턴 의과대학 교정보조기구센터에서 '꿈'을 이룰 의족 연구에 힘을 쏟는다. 1981년 대학을 졸업하고 유타대학에서 바이오메디컬 디자인센터 개발 엔지니어로 보철물 개발에 힘썼다. 교수들이 시간을 허투루 쓰지 말라며 말렸으나 필립스는 멈추지 않았다. 부드럽고 탄력 있는 의족을 만들려던 필립스에게 가장 먼저 떠오른 것은 알파벳 C였다. 아버지가 가지고 있던 C자형 칼날이 지닌 탄력에 빠져 이 탄력성을 의족에 쓸 순 없을까 궁리에 궁리를 거듭했다.

그러다가 치타가 달릴 때 뒷다리가 독특하다는 것을 떠올렸다. 말과 같이 뒷발가락을 길게 늘여 발뒤꿈치를 스프링처럼 쓰는 허벅지와 정강이 힘줄은 탄력이 높았다. 필립스는 이 탄력성과 탄소화합물 흑연이 지닌 성질을 버무려 더 나은 의족을 만드는 데 걸림돌이 되는 것들을 하나하나 넘어섰다. 그러나 이 뜻을 이룰 수 있다고 내다보는 사람은 거의 없었다. 필립스는 치타 소재와 디자인을 '아무런 투자 없이' 집에서 전기 화덕으로 구워 만들기를 거듭한다.

시제품을 수백 개나 만들어 제 다리에 끼어 시험했다. 이렇게 만든 발들은 몸무게를 견디지 못해 깨어지기 일쑤였고, 필립스는 그때마다 땅바닥에 나뒹그러졌다. 이런 몸부림 끝에 태어난 것이 바로 종아리와 발 구실을 하는 의족 치타였다. 뒤꿈치 없이 C자로 이루어진 의족은 의족 산업을 송두리째 바꿔놓았다. 이제 필립스는 달리기를 비롯해 어떤 운동도 할 수 있었다. 마침내 1984년 '플렉스풋'이라는 회사를 세웠다. 플렉스풋은 필립스와 처지가 같은 사람들을 아우르며 시장을 뜨겁게 달구었다.

'바라보는 이가 서늘한 눈길을 보내든 말든 나는 내 삶을 즐긴다'는 뜻은 겉모습에 민감한 여성 시장에서도 뜨거운 호응을 얻어낸다. 기형으로 태어나 두 다리를 잃은 에이미 멀린스는 플렉스풋을 끼우고 배우로, 운동선수로, 패션모델로 누구보다 멋진 삶을 즐기는 본보기가 되고 있다. 여성 장애인 가운데 최초로

철인3종경기를 완주한 사라 라이너첸 또한 장애를 감추기보다는 그것이 '나'라는 인격에 중요한 한 조각이라 생각하고 내 삶을 내세우는 것이 종요롭다는 것을 몸으로 보여줬다.

2008년, 치타에 온 눈길이 쏠렸다. 올림픽에서 치타 두 개로 달리는 오스카 피스토리우스는 마치 미래에서 온 사람 같았다.

> 패배자는 결승선을 마지막으로 지난 사람이 아냐.
> 앉아서 지켜보려고만 할 뿐, 달려보려고도 하지 않는 사람을 이르는 말이야!

다섯 달 뒤 두 다리를 자르는 수술을 받게 되는 아들 피스토리우스에게 어머니가 편지로 남긴 글이다. 피스토리우스는 패럴림픽에서 금메달을 무려 6개나 목에 걸었을 뿐 아니라 비장애인 선수들과도 어깨를 나란히 하고 달렸다. 2011년 대구 세계육상선수권대회 1,600m 계주에선 장애인 선수로는 처음으로 은메달을 땄으며, 2012년 런던 올림픽대회에는 1,600m 계주 남아공 국가대표선수로 참가했다. 절단 장애인이 올림픽에 나가 비장애인과 겨룬 일은 올림픽 역사에 처음 있는 일이었다.

필립스는 여기서 멈추지 않는다. 치타를 더 값싸게 만들어 아프리카 지뢰 희생자들에게 나눠주려 애쓰고 있다. 〈뉴욕타임스〉는 이렇게 썼다.

할 수 없다는 생각이 가장 큰 걸림돌.
필립스가 치타를 쓰고 있다는 것을 보기 전까지 너무나 많은 장애인이 다시 걸을 수 있다는 걸 믿지 못했다.

세상은 불편을 견디지 못하는 사람이 바꾼다.

스웨덴 복지 상징, '인민들 집'을 완성하다

타게 엘란데르(정치인)

1860년대부터 1930년대까지 스웨덴 사람들은 세 사람 가운데 한 사람꼴인 150만 명이 나라를 등지고 미국으로 건너갔다. 바다와 싸우며 수천 년을 살았던 바이킹 후예들이 돌밭을 일구다 지쳐 떠나간 나라가 1970년대 초 산유국을 빼놓고는 1인당 GDP가 세계에서 가장 높은 나라가 됐다.

속을 알 수 없는 나라 스웨덴. 세금을 많이 내는데도 반발은 커녕 어느 나라보다 행복지수가 높고, 흔히 복지 혜택이 높으면 사람들이 일하려 하지 않는다는데 외려 노동생산성이 어떤 나라보다 높은 이상한 나라. TV 수신료를 내지 않았다고 장관을 바로 끌어내리고, 총리가 집을 고칠 때 허가를 어겼다고 벌금을 물리고 법정에 세운 나라. 국회의원 한 사람이 한 해 평균 70개 법안을 내놓는데 개인 정책보좌관도 없이 혹사당하는 나라. 그런데도 청렴도 1위인 나라.

바로 이 힘이 스웨덴을 일으켜 세워 가난을 대물림하지 않고 누구에게나 기회가 주어지는 바탕이 됐다. 이런 스웨덴 사람들에게 현대 정치인 가운데 누가 가장 뛰어난지 물으면 서슴없이 타게 엘란데르Tage Erlander(1901~1985년)를 꼽는다. 제2차 세계대전 총성이 채 가시지 않은 1946년, 마흔다섯 살 젊은 스웨덴 총리가 짊어진 과제는 경제성장이었다.

싸워 이겨야만 살 수 있다고 굳게 믿는 벼랑 끝 사람들에게 총리가 초대장을 내민다.

"저는 목요일에 시간이 좀 나는데, 만나서 이야기를 나눌까요?"

기업대표, 노조위원장들이 모여 서먹서먹하게 나누는 이야기 사이사이에서 기업가가 채 몰랐던 노동자들이 앓는 속사정, 노동자가 알지 못했던 기업가들에게 닥친 어려움을 헤아렸다.

"우리 아예 목요일마다 만나서 저녁을 같이 먹어요."

그렇게 목요일 밤마다 스물세 해 동안 멈추지 않고 이어진 이야기가 스웨덴을 바꾸었다.

엘란데르는 마흔다섯 살에 총리가 되어 예순여덟 살에 스스로 내려올 때까지 스물세 해 동안 스웨덴 복지 상징인 '인민들 집Folkhemmet'을 완성했다. 재임 동안 열한 번 치른 선거에서 모두 이겨 민주국가 정치인 가운데 가장 오랜 연속 통치 기록을 가진 엘란데르가 총리에 오를 때만 해도 스웨덴은 복지와 경제 수준이 영국이나 독일에 훨씬 미치지 못했다. 그러나 엘렌데르가 1969년 총리 자리를 스스로 박차고 내려왔을 때, 스웨덴은 세계에서 가장 넉넉한 나라이면서 모든 사람이 골고루 잘사는 사회, 서로 미워하지 않고 살갑게 보듬는 사회로 탈바꿈해 있었다.

엘란데르는 대학에 다닐 때만 해도 급진 단체인 '젊은이들 모임' 회장을 지냈고, 사회개혁을 하려면 자본주의가 끼치는 해로움을 부수지 않으면 안 된다고 보았다. 그런 엘란데르가 총리가 되자 사민당이 온 나라를 사회주의화할지 모른다고 걱정하는 목소리가 적지 않았다.

"엘란데르가 총리가 되면 경제성장이 멈출 텐데 재계는 절대로 힘을 모아주지 않을 것이다."

이런 목소리가 힘을 얻었으나 엘란데르는 외쳤다.

"우리는 자란다. 그러나 다 함께 자란다. 나는 사람을 믿는다. 내 뜻은 사람들에게 돈을 풀자는 데 있지 않고, 사람들이 돈을 벌 수 있게 하자는 데 있다."

젊은 총리가 믿은 사람들은 아이를 돌봐야 하는 여성, 몸이 불편한 사람, 고등교육을 받지 못한 노동자들이었다. 육아, 의료, 교육, 주거가 발목을 잡지 않아야 살림이 꾸준히 나아질 수 있다며, 엘란데르 총리는 이해관계가 다른 사람들을 한자리에 불러 모아 모두가 고개를 끄떡일 때까지 끝장토론을 폈다. 그렇게 긴 숨결로 열린 이야기를 나누며 한 발 한 발 앞으로 나아갔다.

"모든 아이는 모두 아이" → 아동수당연금

"환자에서 시민으로" → 온 국민 무상의료보험

"언제라도 배움" → 대학원 박사과정까지 무상교육

"사는 데 가장 중요한 집" → 주택수당법

엘란데르는 스웨덴 사람들이 스스로 지갑을 열게 했다. 세금은 모든 국민소득을 늘리는 일이라고 외치며 문밖에 서 있던 사람들에게 기회가 돌아가게 했다. 이런 노력은 나라가 어려움에 빠졌을 때 힘을 냈다. 백지장도 맞들면 낫듯이 어깨동무해 모두 행복해진 걸 고운 함께였다.

나라는 모든 사람에게 넉넉한 집이 되어야 한다.

그 집에서는 누구든 특권의식을 가지지 않으며,

누구도 따돌리지 않는다.

엘란데르는 이런 신념으로 스물세 해 동안 '인민들 집'이라는 복지를 이뤄냈다. 그러나 정작 남은 삶을 보낼 집 한 채가 없었던 엘란데르. 오늘도 "너는 정치인으로 나라 사람과 나라에 몸 바칠 마음이 되어 있느냐?"며 멱살을 거머쥔다.

다림질하는 대통령

타르야 할로넨(정치인)

2000년 서울에서 열린 '아시아유럽 정상회의' 핀란드 대표로 한국을 찾은 핀란드 대통령 타르야 할로넨Tarja Halonen. 집에서 쓰던 다리미와 다리미판을 가져와 손수 옷을 다려 입었다. 아울러 "머리 손질은 내가 할 수 있다"며 호텔 전문미용사 손길도 마다했으며, 호텔에서 내놓은 치약을 밀어놓고 가져온 여행용 치약을 끝까지 짜서 쓰는 살뜰함을 보여 뭇 사람 입에 오르내렸다.

용접공 아버지와 재봉사 어머니 사이에서 태어나 변호사를 거쳐 1979년 국회의원이 된 할로넨은 동성애자협회SETA 창립 5주년 기념식에서 연설했다. 노동조합 변호사로 일하며 노동자와 약자를 보듬은 발자취 때문이다. 그 인연으로 1980년부터 이태 동안 SETA 회장을 맡았고, 동성애자에게 권리를 찾아주려고 동료의원들과 함께 동성애자 차별 법안을 거둬들이자고 외쳤다. 2000년 초 핀란드 대선에서 세에 밀리던 경쟁 후보 에스코 아호가 할로넨이 미혼모라고 들춰냈다. 그때 할로넨은 "나는 많은 핀란드 여성처럼 딸 하나가 있는 미혼모"라면서 여성과 약자를 아우르겠다고 꿋꿋이 맞서 사람들 마음을 사로잡았다.

"나도 핀란드 사람 가운데 한 사람"이라며, 대통령이라기보다는 이웃집 아줌마처럼 소탈함을 보여주고 핀란드 여성으로는 처음으로 대통령이 된 할로넨. 12년 임기를 마치고 80%가 넘는 지지를 받으며 떠날 때까지 무엇에도 얽매이지 않는 편안함으로 나라 사람들과 마음을 나누고 떠밀린 사람들까지 보듬어 안아 핀란드에 평등과 정의로움이 뿌리내리게 했다.

100여 년 전만 해도 핀란드는 유럽에서 가장 뒤떨어진 나라 가운데 하나였다. 핀란드 정부는 핀란드가 날아오르려면 여성들이 사회참여를 해야 한다고 믿었다. 그래서 1906년 여성에게 선거권은 물론 세계에서 가장 먼저 피선거권을 주었고, 1907년 첫 총선을 치러 세계에서 처음으로 여성 국회의원 19명을 만들었다. 그러나 핀란드가 여성 정치에서 다른 나라보다 앞서 나갈 수 있었던 데는 1987년에 만든 "모든 고용자는 남녀평등에 애써야 한다"고 한 남녀평등법이 끼친 힘이 컸다. 한 걸음 더 나아가 1995년에는 지방의회와 정부기관에서 남녀

어느 쪽이든 적은 쪽이 40%는 넘어야 한다는 양성평등할당제를 만들었다.

할로넨은 여성들이 권리를 찾으려면 가정에서부터 남녀평등이 이루어져야 한다고 믿었다. 여자아이와 남자아이가 똑같은 권리를 가지려면 엄마 못지않게 아빠 노릇이 중요하다고 흔든 할로넨. 그 바람에 여성들이 세상으로 나왔다. 핀란드는 이제 여성이 기업주인 기업이 3분의 1이 넘고, 200대 기업으로 꼽히는 회사 직원 절반이 여성인 나라가 되었다. 2007년에는 장관 20명 가운데 여성을 12명이나 임명해 세계 역사에 큰 자취를 남겼다.

> 사람들은 제게 여성이란 벽을 뛰어넘은 선구자라고 말합니다. 그러나 더 많은 여성이 벽을 뛰어넘게 하는 일이 더 중요합니다. 제가 대통령이 되어 어떤 분야에서도 성별을 가르거나 높낮이가 있지 않다는 것을 보여주어 기쁩니다.

여성과 약자를 살갑게 보듬어 평등하고 공정한 사회를 만들려 했던 할로넨을 높이 평가한 핀란드 사람들은 2006년 대선에서 다시 할로넨을 대통령으로 만든다. 할로넨은 이 바람을 저버리지 않고 국가청렴도 1위, 국가경쟁력 1위, 학업성취도 국제비교 1위, 환경지수 1위라는 놀라운 열매를 만들었다.

우유 1리터 값이 얼마인지 아는 엄마 같은 지도자 할로넨을 핀란드 사람들은 '무민마마'라 부른다. 무민은 핀란드 동화작가 토베 얀손이 그린 캐릭터로 핀란드에서 뽀로로만큼이나 사랑받고 있다. 늘 맛있는 음식을 핸드백에 넣어 다니며 케이크를 골고루 나눠주는 무민마마 할로넨은 "복지는 앞날을 품은 투자"라고 말한다. 또 리더는 사람들이 하는 이야기를 가슴으로 듣고, 나아갈 곳을 용기 있게 가리킬 수 있어야 한다고 말한다.

새는 한 날개로 날 수 없다

메리 매컬리스(정치인)

"아일랜드와 북아일랜드는 1920년대에 나뉘었지만 우리는 여전히 이웃이며 한겨레이다. 이웃과 다투는 데 지친 마음이 싸움을 푸는 실마리이다."

아일랜드 전 대통령 메리 매컬리스Mary McAleese가 한 말이다. 눈만 뜨면 기독교도와 가톨릭교도 사이에 싸움이 벌어지는 북아일랜드에서 태어나 자란 메리 매컬리스는 수가 적은 가톨릭교도여서 온 식구가 고향 벨파스트에서 쫓겨나는 아픔도 겪었다.

9남매 가운데 맏딸로 어릴 때부터 동생들 뒤치다꺼리를 하며 공부하다 보니 한꺼번에 대여섯 가지 일을 하는 데 익숙해져 사회생활에 도움이 됐다. 남을 탓하면 사고력이 굳어지므로 고향에서 쫓겨났는데도 집안 식구 누구도 보복할 생각을 하지 않았다. 이때부터 다른 사람과 어우렁더우렁 사는 길이 뭔지를 찾는 버릇이 생겼다.

메리 매컬리스는 나쁜 환경을 탓하지 않았다. 북아일랜드 명문 퀸스대학 법대 출신으로 변호사가 되어 인권운동가로 활동하며 더블린 트리니티대학 법학과 교수가 되었다. 그 뒤로 방송기자로 일하고 하원의원 선거에 출마해 인기를 끌었으나, 선거에 진 뒤 모교로 돌아가 퀸스대 최초로 여성 부총장에 올랐다. 1997년 10월 피아나페일당 후보로 대통령선거에 나가 "북아일랜드 신교도와 구교도 사이에 다리를 세우겠다"고 외쳐 당선되었다.

"관저가 세금으로 운영되니 나라 사람들을 마땅히 반겨야 한다. 또 관저는 아일랜드 사람에게 짓밟힌 역사를 일깨워주는 곳이기도 하다."

매컬리스는 대통령이 되고 나서 가장 먼저 관저 문을 열어젖혔다. 토요일마다 대통령 관저를 열어 구경 오는 시민들로 북새통을 이뤘다.

"누구든 대통령을 찾으면 찾아가겠다"고 밝혀 반대표를 던진 사람까지 끌어들이며 '국민대통령'이라 불린 매컬리스. 7년 임기를 마치고 2004년 다시 출마했을 때는 높은 지지율에 눌린 야당이 후보를 내지 않아 투표 없이 당선될 만큼 인기가 하늘을 찔렀다.

북아일랜드 수도 벨파스트에서 태어난 메리 매컬리스는 꽤 오랜 싸움 한가운데에 있었다. 그러나 아일랜드와 북아일랜드는 늘 이웃이었고 앞으로도 그러리라 굳게 믿는다. 아일랜드 역사에서 요즘 세대는 가장 교육을 많이 받은 세대로 이웃과 다퉈야 할 까닭이 없음을 잘 안다. 앞으로 2, 3세대까지는 이 싸움을 다 풀 수 없을지 모르지만, 100%를 얻으려다 하나도 얻지 못하는 것보다는 90%라도 얻는 게 낫다는 철학을 가진 매컬리스. 세계 곳곳에서 벌어지는 국제분쟁도 역사와 배경은 다르지만 대부분 이웃이나 식구끼리 싸우는 일이라면서 남북한이든 중동이든 사람들이 이웃과 되풀이되는 다툼에 지칠 때 비로소 악몽에서 풀려날 수 있다고 힘주어 말한다.

메리 매컬리스가 대통령이 되어 가장 먼저 힘쓴 일은 사회 각계각층을 잇는 다리 노릇이었다. 유대가 강한 아일랜드에는 두 가지 분열이 있다. 하나는 오랜 분쟁 역사를 이어온 북아일랜드와 아일랜드가 갈라진 것이고, 다른 하나는 신구 세대로 나뉜 다툼이다. 이런 사회 구성원 사이에 생긴 틈을 메우는 데 힘쓴 일이 재임 배경이 되었다.

"인구 절반을 이루는 여성이 품은 뜻을 정책에 담지 못하면 새 우물을 거들떠보지 않고 오래된 우물에서만 물을 긷는 꼴이다. 넉넉한 자원을 쓰지 않고 가난하게 살 까닭이 있겠는가. 부드럽고 섬세한 여성이 하는 말과 경험이 한데 어우러지면 도타운 사회를 만들어나갈 수 있다."

메리 매컬리스가 여성 사회참여에 정성을 쏟은 데 힘입어 '켈트족 범'으로 평가받으며 솟아오른 아일랜드에서는 여성 기여도가 높게 나타난다. 15년 동안 20만 명이 넘는 여성이 일터로 나왔다.

그러나 세계 금융위기를 맞아 아일랜드 경제가 가라앉으면서 실업 위기를 맞은 여성이 늘었다. 매컬리스는 금융위기에 주저앉은 아일랜드 경제를 가리켜 이렇게 흔든다.

"그동안 일궈온 높은 성장 비결이나 경제위기를 벗어나는 길은 다르지 않다. 정부, 경제계, 노조, 사회를 이끄는 이들이 모여 머리 맞대고 '사회연대'를 이뤄내야 한다. 새가 한 날개로 날 수 없듯이 경제위기를 넘어서는 데도 두 날개로 날아오르도록 해야 한다."

메리 매컬리스는 힘주어 말한다.

"우리가 거듭 싸우면 기회만 잃을 뿐이다. 화해와 용서는 새로운 미래를 여는 데 반드시 있어야 하며, 과거와 화해하는 일은 미래를 바꾸고 역사가 되풀이되지 않게 하려는 데 있다."

북아일랜드 갈등은 1998년 4월 10일 벨파스트에서 아일랜드공화국과 영국, 북아일랜드 8개 정당이 어울려 평화협정을 맺으면서 뒤안길로 사라졌다.

경제학계 양심, 경제학계 테레사

아마르티아 센(경제학자, 대학교수)

경제를 일컫는 영어 '이코노미economy'는 집을 뜻하는 그리스말 '오이코스oikos'에서 온 것으로 아까운 자원을 나눠 쓰는 것을 가리킨다. 우리는 흔히 경제라고 하면 윤리나 양심과는 거리가 멀고 피도 눈물도 없다고 여기는데, 다사로운 경제학자도 있다.

아마르티아 센은 말한다.

> 소득이나 부를 키울 수 있는 데까지 키우는 것을 목표로 삼는 것은 옳지 않다. 아리스토텔레스가 짚었듯이 이들은 그저 '쓸모'이며 '연장'이기 때문이다. 그래서 경제성장을 경제학을 하는 까닭으로 다룰 수 없다. 발전이란 우리 삶과 우리가 누리는 자유를 키우는 데로 이어져야만 한다. 자유란 우리 삶을 더욱 넉넉하고 너그럽게 만들어 걸림돌을 줄일 뿐

만 아니라 품은 뜻을 이루는 한편, 우리가 살아가는 세계와 어우렁더우렁 더 옹근 누리 사람이 되도록 해야 한다.

노벨경제학상 수상자 가운데 유일한 아시아 사람 아마르티아 센Amartya Sen은 1933년 화학교수를 아버지로 작가를 어머니로 하여 인도 뱅골 산티니케탄에서 태어났다. 타고르가 세운 학교에 다니면서 자연스럽게 사람을 우러르는 사상을 받아들인다. 영국 케임브리지대학에서 경제학을 공부하고 인도로 돌아온 아마르티아 센은 수리 모형인 빈곤지수(센 지수)로 가난을 재는 연구로 눈길을 끈다. 1998년, 중요한 경제 문제에서 윤리와 철학을 되살리고 불평등과 가난 문제를 알짬으로 후생경제학(복지경제학)에 이바지해 아시아 사람으로는 처음으로 노벨경제학상을 받는다.

아마르티아 센이 갈닦은 시장경제나 민주주의는 자유주의 신념에 뿌리를 두고 있다. 센에게는 개개인이 누리는 자유가 근본 쓰임새다. 시장이 주는 자유는 그저 효율 높은 자원 배분이나 경제성장을 가져다주는 연장이어서가 아니라 자유 그대로 고스란하다고 외친다. 그런데 이 자유, '프리덤freedom'은 단순히 구속받지 않음, 곧 '리버티liberty'와는 달리 실제로 사람들이 바라는 대로 살 수 있는 자유를 뜻한다. 따라서 현실을 디디고 선 바탕에서 누리는 자유다. 센이 가리키는 자유는 형식이 아니라 실제 자유로, 모든 이가 되도록 가지런하고 고스란히 누리는 자유와 사회정의를 한꺼번에 아우른다.

아마르티아 센은 사회선택이론에도 이바지한 바가 크다. 사회선택이론은 사람들이 저마다 이해가 엇갈릴 때 개개인이 품은 뜻을 나타내면서도 사회복지와 후생을 되도록 늘리려는 자원배분 절차를 갈닦는 학문이다. 여러 사회구성원이 누릴 권리와 자유를 받아들이면서 그것을 어떻게 아우를 것인지에 눈길을 둔다. 센은 경제발전을 해야 하는 까닭은 자유로워지는 데 있으며, 사람이 다양한 삶을 살아갈 힘을 갖출 때 비로소 자유를 누릴 수 있다고 여긴다.

어느 날 칼에 찔려 피가 흥건한 무슬림 노동자가 아마르티아 센이 사는 집으로 도망쳐 들어왔다. 먹을거리가 떨어지자 위험하다고 말리는 아내를 뿌리친 채 힌두교도들이 사는 곳에서 일자리를 찾다가 변을 겪은 것이다. 서둘러 병원으로 옮겼으나 노동자는 끝내 목숨을 잃고 말았다. 이 일로 센은 협소한 공동체, 사람을 밀어내는 정체성은 매우 위험하다는 것과 경제 부자유가 목숨과 같은 다른 자유를 손쉽게 덮칠 수 있다는 점을 깨달았다.

아마르티아 센이 펼친 사회선택이론은 같은 분야에서 먼저 노벨경제학상을 받은 케네스 애로Kenneth Arrow와 '정의론'으로 유명한 존 롤스John Rawls와 가까이하며 더 앞으로 나아갔다. 아마르티아 센은 기아를 일으키는 까닭을 전혀 다른 눈길로 보아 널리 알려졌다. 이 또한 어릴 때 벵갈에 닥쳤던 기근을 겪은 데서 비롯됐다.

아마르티아 센이 아홉 살 되던 해, 벵갈에는 삼백만 명이 넘는 사람이 굶어 죽는, 견디기 어려운 기근이 일어났다. 이때 놀랐던 것은 이 굶주림이 처절하게 계층을 갈라놓는 구실을 한다는 것이다. 부유한 집에 사는 학교 친구들, 친척들은 어느 누구도 견디기 힘든 굶주림을 겪지 않았다. 그저 땅이 없는 농촌 노동자 같은 이들만 굶주림과 질병으로 목숨을 잃었다. 이런 일을 겪었기 때문에 센은 식량이 모자라다는 데 뜻을 같이하지 않았다. 굶주림이 일어나는 까닭을 찾으려고 실제로 기근을 겪은 여러 나라를 연구한 끝에 기근이 아닌데도 굶주림을 겪은 본보기, 더 나아가 기근이 들었는데도 식량을 수출하는 데서 본보기를 찾았다.

기근은 여러 나라에서 수백만 명을 죽이지만 지배자가 죽는 일은 없다. 왕과 대통령, 관료들과 우두머리, 군부 지도자와 장군들은 희생되지 않는다. 만일 선거도 없고 야당도 없고 검열받지 않은 공개 비판도 없다면, 권력을 쥔 자들은 굶주림을 막지 못한 책임을 질 까닭이 없다. 민주주의는 이와 달리 기근이 일어난 책임을 지도층과 정치 지도자에게 돌린다. 이 때문에 이들은 다가올 굶주림을 막으려고 애쓸 수밖에 없다. 사실 굶주림은 너끈히 미리 막을 수 있다.

결국 아마르티아 센은 심각한 기근이 대부분 식량 공급이 빠르게 줄어 생겼다기보다는 임금이 줄고, 곡물값이 오르고, 식량을 나누는 틀이 취약한 것과 같은 까닭으로 일어났다는 것을 밝혀냈다. 민주주의 체제 아래서 정부는 유권자를 따를 수밖에 없다. 그래서 독재 정부 체제에 견줘 민주주의 체제에서 대규모 기근 사태가 나타나기 어렵다고 외치는 센은 빈곤 문제에서 민주주의가 중요하다고 힘주어 말한다.

센은 1970년대 중반부터 실생활 문제에 관심을 기울이면서 사는 질을 재는 빈곤지수를 발전시켰다. 빈곤율이란 절대든 상대든 기준에 미치지 못하는 사람을 헤아려 전체 인구로 나눈 비율이다. 센은 기존 빈곤율만으로는 빈곤 기준에 미치지 못하는 사람들이 얼마나 가난한지를 알 수 없다고 봤다. 이를 풀려고 빈곤 인구뿐만 아니라 가난한 사람 사이에서 일어나는 소득 불평등 정도를 한꺼번에 헤아린 '센 빈곤지수'를 만들었다. 아울러 '인간개발지수'도 생각해냈다. 이 지수는 국민소득에 조기사망률, 기대수명, 문맹, 의료혜택, 교육 따위 가중치를 붙여 만들었다. 수학 지식과 통계 방법을 끌어다 주류 경제학에서 고개를 돌린 빈곤 문제 연구에 평생을 바친 아마르티아 센은 빈곤 계층에게 실제로 도움을 주려고 힘썼다.

> 여성이 경제에 참여하는 것은 그대로 보상이면서 흔히 사회 변화를 가져오는 주요한 요인이다. 방글라데시에서 그라민 은행이 거둔 놀라운 열매는 좋은 본보기다. 어려움을 꿰뚫어본 소액대출운동은 무하마드 유누스가 이끌었는데, 여성 대출에 더욱 힘을 기울여 여성들이 지역 금융시장에서 차별로 겪는 불이익을 없애려 했다.

아마르티아 센은 노벨경제학상 상금 760만 크로네, 우리나라 돈으로 약 8억 7천만 원을 소녀들을 가르치는 인도 재단과 남녀평등에 땀 흘리는 방글라데시 재단에 모두 내놓았다. 경제학자들은 센을 가리켜 날카로움과 부드러운 인간미를 두루 갖춘 '경제학계 양심', '경제학계 테레사'라 부른다.

막이 오르면 연기는 배우에게 맡겨야

야마다 아키오(기업인)

"사원이 주인, 사원에게 감동을."

이런 창업 이념으로 40여 년 동안 한 번도 적자를 내지 않고 경상이익률 15%를 이어온 놀라운 회사가 있다. 일흔 살이 정년이고, 육아휴직은 아이가 몇이든 한 아이당 3년이며, 모든 직원에게 해마다 일본 국내 여행을 하게 해주고 5년마다 해외여행을 보내준다. 연간 휴일 140일은 일본 상장기업(120일) 가운데 가장 길고, 업무시간은 7시간 15분으로 일본 노동기준법보다 45분이나 짧다.

1973년 전 사원 대만여행, 1986년 20주년 중국여행, 1991년 25주년 세계여행, 1996년 30주년 미국 마라톤대회 참가……. 직원들은 2001년 35주년 세계여행을 다녀왔고, 2006년에는

40주년을 맞아 직원 팔백 사람이 모두 오스트레일리아로 여행을 다녀왔다. 2011년 45주년에는 이집트로 떠날 예정이었으나 이집트 정세 불안으로 가기 어렵게 되었다. 그러자 직원들이 머리를 맞대고 의논한 끝에 해외여행에 들어갈 돈을 동일본 대지진으로 재해를 입은 곳에 모두 기부하기로 했다.

직원 팔백여 사람에 연매출이 300억 엔이고, 회사가 가진 특허만 8천 개가 넘는다. 65세 평사원 연평균수입이 700만 엔으로 월급도 기후현 공무원보다 많고, 업계와 지역 평균보다 훨씬 높다. 앞이 보이지 않게 나락으로 떨어진 일본 경제판에서 빛나는 성과를 거둔 미라이공업은 성과주의도 없이 연공서열이다. 또 없는 것이 많다. 노조도 노사분규도 없고, 출퇴근 기록기도 유니폼도 없다. 사장 명령은 물론 잔업도 없다. 외려 잔업을 하면 전기요금을 내라는 협박이 뒤따른다. 업무 할당량도 없다. '해고', '비정규직'이란 말도 아예 없다.

몇 해 전 커다란 일본 기업 한 곳에서 납품한 원자력발전소 터빈 날개가 부러졌어요. 방사능이 샜다면 수십만 목숨을 앗아갈 뻔한 커다란 사고였죠. 일본에서 박사급 연구원이 가장 많은 회사 가운데 하나로 꼽히는 회사에서 왜 불량품이 나왔을까요? 90년대 10년 동안 정리해고를 당한 사람이 2만 명입니다. 그 자리를 비워두거나 비정규직으로 메웠죠. 비정규직원은 같은 일을 하고도 월급은 절반, 보너스는 10분의 1밖에 받지 못하는데 신바람 나게 일하겠어요? 돈을 아끼겠다고 한 일이지만 돈을 못 버는 지름길이죠.

'샐러리맨 천국'으로 불리는 미라이공업 창업자 야마다 아키오가 2008년 우리나라에 왔을 때 했던 말이다. 구조조정과 비정규직 채용으로 일어날 수 있는 사고를 미리 짚는 경종이었다.

모든 일은 생각에서 비롯한다는 야마다 회장에게는 직원을 뽑는 기준이 없다. 1991년 상장할 때는 선풍기 앞에 이름 적힌 쪽지를 놓고는 가장 멀리 날아가는 쪽지부터 높은 직위를 주었다. 볼펜을 굴려 과장을 뽑기도 했다. 회사 대표가 할 일은 직원을 행복하게 하고 생각을 일으킬 수 있는 '떡(인센티브)'을 주어 의욕을 불러일으키고, 사냥하면 그 보답을 '떡'으로 한다.

일본 경제 거품이 빠진 뒤 많은 회사가 정규직을 파견 사원이나 아르바이트 따위 비정규직으로 바꿔 비용을 낮추려고 했다. 그러나 야마다 회장은 그렇게 해서 회사가 득을 봤는지 묻고 싶다며 사람을 '비용 처리'해선 안 된다고 힘주어 말한다. 또 야마다 회장은 직원들이 윗사람에게 보고 또는 연락을 하지 못하게 한다. 현장은 현장을 맡은 이들이 가장 잘 알고 있으니 지사나 영업소도 담당 부서장이 쓸모가 있다고 생각하면 마음대로 만들게 한다.

"새로 명함을 만들 때 명함 뒤에 적힌 지사나 영업소를 보고 '늘었구나' 하고 그때 알아요. 사장은 '떡'을 어떻게 줘야 할지 큰 줄기만 세우고, 가지를 치는 일은 직원에게 맡겨야 합니다."

그렇게 직원에게 맡겨서 잘못된 적은 없느냐는 물음에 야마다 회장은 이렇게 답한다.

"보고 금지라서 몰라요. 그런데 쉬는 날이 많고, 일하는 시간이 적고, 보고도 하지 못하게 하면 외려 엉터리 짓을 하지 못하나 봐. 하하, 어떻게든 성과를 내려고 몸부림을 치던데요."

야마다 회장이 직원들에게 주는 유일한 벌은 남과 다른 것을 생각하라는 것이다. 미라이공업 구호는 "늘 생각하라"다. 사원들은 한 해에 만여 건에 이르는 제안을 하는데, 개선에서 신제품 개발까지 내용이 다양하다. 상사 욕만 아니면 어떤 제안이든 내용도 보지 않고 500엔을 주고, 제품에 적용하면 최고 3만 엔을 준다. 이것도 '떡' 가운데 하나.

젊은 시절 연극에 빠져 극단을 운영했던 야마다 회장은 경험에서 우러나오는 지혜를 들려준다.

나는 무대에서 인생을 배웠다. 막이 오르면 연기는 배우에게 맡겨야 한다. 그러지 않으면 배우는 자라지 못하고, 배우가 자라지 못하면 연극은 망한다. 기업도 마찬가지, 막이 오르면 경영자는 사원이라는 배우에게 다 맡겨야 한다.

손님에게 '54층 경영자'로 불린 직원

버지니아 아주엘라(호텔청소전문가)

1990년대 중반, 미국 경영학자 톰 피터스Tom Peters가 미국 지식인으로 호텔 청소부를 길어 올려 사람들을 놀라게 했다. 허드렛일이라 여기는 '청소'를 가지런히 남다른 가치로 일궈냈기 때문이라는데……. 이 청소부는 호텔을 찾는 손님들이 지닌 버릇과 남다름을 낱낱이 살펴 한 사람 한 사람에게 맞춤 서비스를 했다.

리츠칼튼 샌프란시스코 호텔이 처음 생겼을 때 손님들은 새로 짜 맞춘 사람들이 손발이 맞지 않고 서툴러 불편을 겪었다. 객실 청소부들은 회의 때마다 잔소리가 이어지면 "아니, 그걸 불편해하다니 해도 너무해!" 하고 볼멘소리를 했다.

그런데 한 사람은 생각이 달랐다.

'하찮아 보이는 객실 서비스 하나에 불만을 품는다면 거꾸로 아주 작은 서비스에도 감동하지 않을까?'

그래서 청소도구와 비품을 담은 손수레에 작은 수첩을 하나 달고 다니며 청소하다가 눈에 띈 문제를 빼곡히 적었다. 그 바탕에서 손님을 취향이나 버릇에 따라 20가지 갈래로 나눴다. 자주 오는 손님은 이름과 버릇을 기억해두었다가 비품을 준비했다.

"이분은 〈월스트리트 저널〉을 늘 쓰레기통에 버리던데, 〈월스트리트 저널〉을 넣어드려야지."

"이 손님은 탁자 위에 언제나 다 마신 칼스버그 캔이 놓여 있었으니, 냉장고에 칼스버그 캔을 꼭 챙겨 넣어야겠어."

"이분은 수건을 많이 쓰니, 넉넉하게 놔드리자!"

"이 손님은 왼손잡이니까 비품을 다른 쪽에 놓아드려야겠어."

남다른 서비스에 손님들은 깜짝 놀랐다.

"이야! 누구예요, 눈썰미 좋은 이 사람이? 〈월스트리트 저널〉을 보는 건 어찌 알고?"

"사업 때문에 전 세계 호텔을 두루 다녔어도 내가 왼손잡이라고 수건이며 비품 놓는 곳을 남달리 신경 써준 곳은 보지 못했어요."

맞춤 서비스는 이에 그치지 않았다. 웬만한 손님은 이름까지 다 외워 복도에서 만나는 손님에게 이름을 부르며 인사했다.

이 사람은 1974년 스물일곱 젊은 나이에 아메리칸 드림을 꿈꾸며 필리핀에서 이민을 왔다. 기다리는 일자리는 호텔 청소. 그래도 실망하지 않고 오로지 손님을 떠받들겠다는 마음 하나로 정성을 쏟았다. 호텔 청소부 버지니아 아주엘라Virginia Azuela 이야기다.

아주엘라가 호텔 청소부로 일한 것은 리츠칼튼 호텔이 문을 연 1991년 4월부터였다.

"객실을 청소하면서 늘 어떻게 하면 손님을 더 기쁘게 해드릴 수 있을까 생각했어요. 그러다가 아이디어가 떠오르면 바로 움직였죠."

아주엘라는 입에 침이 마르도록 그치지 않는 손님들 칭찬에 힘입어 한 해 만에 객실 품질 관리자에 오른다.

객실 청소에서 가장 손이 많이 가는 일은 침대보 정리다. 침대보를 깔려면 적어도 대여섯 번은 침대 둘레를 오가야 한다.

리츠칼튼 호텔은 침대보 정리 움직임을 낱낱이 살펴 두 사람이 힘을 모아 침대보를 가는 것이 가장 빠르다고 판단했다. 그런데 아주엘라는 여기서 한 발 더 나아가 세탁된 침대보를 아예 침대 크기에 맞춰 침대보를 까는 순서와 거꾸로 접어두면 더 빨리할 수 있다는 것을 알아낸다. 또 욕실 청소법 따위를 가다듬어 일하는 시간을 줄이고, 이렇게 쌓은 기법은 날마다 이뤄지는 모임에서 다른 이들과 나눴다.

버지니아 아주엘라는 '청소는 허드렛일'이라는 굳은 틀을 깨고 '청소는 으뜸 서비스'란 깃발을 새로 세웠다. 아주엘라가 흘린 땀을 디딤돌 삼아 리츠칼튼 샌프란시스코 호텔은 1992년, 미국 정부가 상품과 서비스 품질 관리가 빼어난 기업에게 주는 '말콤 볼드리지 품질 대상'을 호텔로는 가장 먼저 받았다. 호텔에서는 버지니아 아주엘라를 높이 사 직원에게 주는 가장 영예로운 상인 '하이파이브 스타상'을 안겼고, 손님들은 아주엘라를 '54층 경영자'라고 부르며 도두보았다.

> 객실 청소와 정돈 서비스는 다른 서비스와는 달리 손님과 서로 얼굴을 맞대지 않고 이뤄진다. 그래서 더욱 꼼꼼해야 하고, 식구를 맞듯 남다른 정성을 쏟아야 한다.

버지니아 아주엘라는 이러한 생각을 바탕으로 호텔 청소 컨설팅 사업을 하고 있다.

정가름.

일 밖에서 찾는 이가 적지 않은데, 내게 주어진 일을 새롭게 풀이하고 살아가는 것만으로도 넉넉하다.

2
Chapter

아우르다

한결을 이루려는 뜻, 벽난로 운동

키아라 루빅(포콜라레 운동 창시자)

성탄절인 12월 25일은 거룩한 분이 태어난 것을 기리는 잔칫날이다. 크리스마스를 X-MAS라고도 하는데, '엑스X'는 그리스도를 가리키는 희랍어 첫 글자이고 '마스MAS'는 미사를 가리키는 말로, X-MAS는 그리스도를 기리며 미사 드리는 날이다. 예수를 기리는 참뜻은 예수가 십자가에 못 박힌 뜻을 헤아리는 데 있다.

이 사람들이 모두 하나가 되게 해주세요.

갈가리 찢긴 세상에서 오롯이 세운 꿈 하나, 사람 사이가 한결같고 하느님과 한결같아지는 데 한평생을 쓰다 간 사람이 있다. 키아라 루빅Chiara Lubich(1920~2008). 이 사람 덕분에 벽난로를 가리키는 이탈리아 말 '포콜라레Focolare'는 이제 '일치', '한결같음'을 가리키는 말이 되었다. 포콜라레 운동은 전쟁으로 폐허가 된 도시 트렌토에서 무너지지 않을 참다움을 찾다가 "바뀌지 않는 이상은 오로지 하느님 품에서만 이룰 수 있다"고 떠올린 키아라 루빅이 모든 사람을 가리지 않고 '한결'을 이루자고 일으킨 흐름이다.

1943년 이탈리아에서 첫발을 내디딘 포콜라레는 백팔십여 개 나라에서 사백오십만이 넘는 사람이 어깨동무해 종교와 종교, 교회와 정치가 한결을 이룬다. 우리나라에서는 1969년 처음 문을 열어 이만이 넘는 사람들이 어울리고 있다.

키아라 루빅은 1940년대 초 고향 트렌토에 있는 한 초등학교에서 아이들을 가르치며 베네치아대학 철학과에 들어갔다. 그러나 제2차 세계대전이 일어나 무너져 내린 도시에서 하루에도 몇 번씩 방공호로 숨어야 했다. 키아라와 동무들은 사랑하는 사람들과 꿈을 한꺼번에 잃고 '버팀목이 되어줄 이상은 어디에도 없을까' 고민하다가 하느님에게서 길을 찾았다. 한 치 앞도 알 수 없는 전쟁터에서 날마다 방공호에 들어가 촛불 하나를 켜놓고 복음을 읽다가 "내가 너희를 사랑한 것처럼 너희도 서로 사랑하라"는 말씀을 찾아내고는 둘러앉아 서로를 바라보며 외쳤다.

"너를 살리려고 나는 죽을 준비가 되어 있어!"

"너를 살리고 내가 죽으련다."

키아라와 동무들은 "가장 보잘것없는 이웃에게 베푼 친절이 바로 내게 한 것"이라는 말씀에 따라 하루 내내 거리를 돌며 배곯는 사람을 만나면 가진 것을 다 내주었다. 도타이 보듬는 이들을 따뜻하게 여긴 사람들은 이를 '포콜라레(벽난로) 운동'이라 불렀다. 두 달 새에 오백이 넘는 사람들이 어깨동무하며 널리 퍼졌다.

벽난로 운동은 크게 네 줄기로 나뉜다.

> 첫째, 복음으로 사회를 새롭게 하는 새 인류 운동
>
> 둘째, 보금자리를 다사롭게 하는 새 집 운동
>
> 셋째, 온 누리가 한결같기를 바라는 젊은이 운동
>
> 넷째, 교회 공동체로서 새 교회 운동

네 줄기 모두 집이나 직장, 학교나 교회처럼 저마다 있는 곳에서 이웃과 하나 되어 한결을 이루려는 뜻을 지니고 있다.

'한결을 이루는 이야기꽃' 피우기는 그리스도교 정신에 뿌리를 두면서도 가톨릭교회와 여느 그리스도교를 비롯해 다른 종교와 다른 신념을 가진 이들, 무신론자들과 섶을 풀고 문화 가치를 드높여 이야기 바람을 일으켰다. 1960년, 처음 동독에서 불을 지핀 포콜라레는 1961년 독일 루터교 목사들과 함께 '한결같은 교회' 꽃을 피우며 동유럽으로 건너갔다. 이어서 성공회, 동방정교회와 이야기꽃을 피우고 급기야 이슬람교와도 이야기 바람을 피우더니, 1996년부터는 정치로 한결 이루기로 나아갔다.

또 포콜라레는 공동체 정신을 바탕으로 한 '작은 도시'를 이루어 '서로 사랑'을 드러내는 본보기를 보인다. 처음 이룬 공동체 '작은 마을 프로젝트'에 따라 문을 연 '작은 도시'는 이탈리아 피렌체 가까이 있는 '로피아노'다. 작은 도시 삼십여 개에는 저마다 칠십여 개 나라에서 모인 이백에서 팔백 사람 가까운 여러 인종과 겨레가 한결을 이루며 살아간다.

특히 빈부격차를 줄이려고 "우리 것은 또한 여러분 것입니다"라는 뜻을 편 데서 비롯한 '공유 경제 나눔 프로젝트'는 온 눈길을 끌었다. 1991년, 브라질 작은 도시 '아라첼리'에 있는 포콜라레를 찾은 키아라 루빅은 이제껏 벌여온 재산 공유가 절대 가난 앞에서는 턱없이 모자란다고 느꼈다. 식량과 잠자리와 의료 혜택을 주고 서둘러 일자리를 만들어야 한다고 생각했다.

공유경제 '나눔' 기업은 이익 가운데 30%를 기업에 도로 투자하고, 나머지는 가난한 이들과 '나눔 문화'에서 일할 사람들을 키우는 기관에 되쓴다. 공유경제 '나눔 문화'를 가꿀 기업은 여느 기업이 누리는 틀을 벗어던진다. 법을 엄격히 따르고, 노동자 권리는 물론 소비자와 경쟁산업, 사회와 환경을 떠받드는 생산활동과 고용자·피고용자가 서로 한결을 이루며 이익을 얻는다.

키아라 루빅은 가톨릭 신도뿐 아니라 개신교, 성공회, 불교, 동방정교회, 이슬람교 수장과 더불어 종교갈등을 넘어 인류 평화에 이바지한 공로로 종교인 노벨평화상이라는 '템플턴상'(1977년)을 비롯해 '대십자가기사훈장'(2004년), '캔터베리 성어거스틴상'(1981년)까지 셀 수 없이 많은 상을 받았다.

키아라 루빅은 생전에 하느님 앞에 갔을 때 주님이 이름을 물으시면 이렇게 말씀드리겠다고 입버릇처럼 말하곤 했다.

"제 이름은 '고마움'입니다. 영원히 모든 것에 그리고 당신께 고맙습니다."

키아라 루빅에게 성모마리아는 복음 안으로 들어가는 소중한 열쇠였다.

중국 사람도 우리와 똑같은 사람

달라이 라마(승려, 티베트 정신 지도자)

티베트 사람들에게는 기댈 커다란 언덕이 있다. 제14대 달라이 라마 텐진 갸초이다.

1959년, 중국이 지배하는 티베트에서 중국을 반대하는 반란이 일어났다. 중국군은 12만에 이르는 티베트 사람들을 죽였다. 이때 달라이 라마는 인도로 가서 다람살라에 망명정부를 세웠다. 그리고 비폭력 노선을 지키며 끊임없이 티베트 독립 운동을 펼치고 있다.

어느 법석, 감기에 걸린 달라이 라마가 연신 코를 풀어대는데 한번은 코 푸는 소리가 크게 났다. 티베트 사람들은 가만히 있는데 서양 사람들은 깔깔댔다. 웃음소리에 놀라 “아니 왜 이리 웃느냐”고 물으니 코 푸는 소리에 웃음이 터졌다고 했다. 이 말을 들은 달라이 라마는 "한번 더 해줄까?" 하더니 "팽!" 하고 더 요란하게 코를 풀었다.

사람들은 이따금 달라이 라마에게 묻는다.

"당신은 깨달았습니까?"

달라이 라마는 "깨닫다니요?" 하고는 물을 한 잔 들이켜며 되묻는다.

"보세요, 부처나 보살이라면 목이 탄다고 이렇게 물을 마시겠습니까?"

그런가 하면 목덜미를 보여주며 묻는다.

"보살이라면 이렇게 종기가 나서 잘 때도 거북할까요?"

그러고는 날마다 경전 읽는 부처님 제자라고 밝힌다. 그런데도 어느 북아시아 스님이 깨달았느냐고 거듭 묻자, 달라이 라마는 땅이 꺼지게 한숨을 내쉬고는 이렇게 되물었다.

"내가 깨달았는지 아닌지는 슬기로운 눈을 가진 사람이라면 알 수 있지 않겠습니까?"

티베트에서 인도로 망명해 한 해가 지난 1960년, 티베트 민간유격대 가운데 가장 용감한 캄파유격대가 히말라야에 뿌리를 두고 중국군을 괴롭혔다. 중국 정부가 티베트 유격대들을 내쫓으라고 압력을 넣자 네팔 정부는 티베트 망명정부에 유격대가 흩어지게 해달라고 했다. 달라이 라마는 곧바로 목소리를 녹음해서 보냈다.

캄파유격대원을 비롯해 둘레에서 모인 티베트 유격대원들은 삼배를 올리고 녹음기를 켰다.

> 나라를 되찾으려고 싸우는 일은 훌륭하지만, 누구도 죽여서는 안 됩니다. 부처님은 "산목숨 죽이지 말라"는 말씀을 으뜸 덕목으로 꼽았습니다. 사람은 누구나 행복을 바랍니다. 중국 사람도 우리와 똑같은 사람입니다. 부처님을 따르는 사람으로서 말씀드립니다. 모두 총을 버리고 인도로 오든지, 아니면 고향으로 돌아가십시오.

이 말씀에 온통 울음바다가 되었다. 울음이 가라앉자 부대장이 입을 열었다.

"우리는 부처님과 같은 달라이 라마 존자께서 주신 말씀에 따라야 한다. 그러나 부대장으로서 총을 버리는 일은 적에게 무릎을 꿇는 것과 같으니 나는 목숨을 끊겠다!"

부대장은 부대를 흩어지도록 한 뒤 독배를 마시고 삶을 마쳤다.

1989년, 노벨평화상 시상식에서 영어로 수상 연설을 하던 달라이 라마는 이렇게 물었다.

“이 값진 상은 티베트 사람들이 받을 상을 제가 대표로 받는다고 생각합니다. 그런데 티베트 사람들은 영어를 알아듣지 못합니다. 그러니 티베트 말로 몇 마디만 하게 허락해주시겠습니까?”

그러고는 티베트 말로 이야기를 이어갔다.

“조국 티베트와 세계 곳곳에 흩어진 티베트 사람 여러분, 얼마나 고생이 많습니까? 특히 티베트에서 억눌리는 분들에게 말씀드리겠습니다. 어려운 데서도 놓지 말아야 할 것은 불법입니다. 중국 사람도 우리와 똑같은 사람이니 미워하거나 피해를 주지 마십시오. 자비심으로 끝까지 참으면서 뒷날 다시 모여 살 때까지 부처님 법에 뿌리를 두고 살기를 거듭 부탁드립니다.”

그러고는 다음과 같은 다짐으로 영어 연설을 마쳤다.

“저는 허공계가 다하더라도, 중생이 한 사람이라도 남아 있다면 이 세상에 머물러 아픔을 없애겠습니다.”

인도에 망명한 지 46년째 되는 설날 아침, 달라이 라마는 가라앉은 목소리로 말했다.

“우리가 망명해 온 지 46년째인데, 이 법당이 인도에서 가장 작고 초라한 절이 되었습니다. 요즘 티베트 이름을 가진 스님들은 수행보다는 외국에 다니면서 시주를 받아 큰 절을 짓고 큰 불상 만드는 데 힘을 쏟습니다. 본보기가 돼야 할 스님들이 이름은 토끼 귀처럼 길게 날리지만 어짊은 토끼 꼬랑지처럼 짧아 보입니다."

가르침은 다람살라에서 멀지 않은 절이 문을 열 때도 이어졌다. 달라이 라마는 법당에 앉자마자 커다란 불상을 가리키며 물었다.

"만약 뒷날 이 불상이 넘어지면 수십 명이 깔려 죽을 수도 있는데, 그러면 부처가 사람을 죽였다는 소문이 나겠지요?"

그러고는 시주자들을 바라보고 따끔하게 일침을 놓았다.

"보시야 좋은 일이지만, 보시가 어떻게 쓰이는지는 알고 하세요."

달라이 라마는 세계 평화를 이루려면 가장 먼저 할 일은 강대국이 무기를 줄이고 핵을 없애기보다는 내 안에 있는 화를 다스리고 마음을 참답게 길들이는 일이라며 우리를 흔든다.

너를 살려야 내가 살 수 있다

도브리 도브레브(구걸하는 성자)

2014년 6월 23일, 인터넷 창을 말갛게 달군 사건이 있다. '착한 여중생들'이라는 제목으로 올라온 사진에 담긴 걸. 수업을 마치고 돌아가던 여학생들은 학교 앞에서 좌판을 벌이고 앵두를 파는 할머니를 보고 꼬깃꼬깃 접은 천 원짜리를 내놓고 하나둘 앵두를 사기 시작했다. 여학생들은 아직 학교 밖으로 나오지 않은 동무들에게 "할머니가 앵두를 팔고 계셔" 하고 알렸다. 스물 남짓한 여학생들이 우르르 몰려들어 할머니를 빙 둘러싸고는 서로 '빨리' 앵두를 사라고 부추겼다. 가진 돈이 없으면 곁에 있는 동무에게 돈을 빌려 샀을 만큼 너나없이 달려들자 앵두는 금방 동났다.

충남 보령에 있는 한내여자중학교에 다니는 김현희, 송채린, 전희진, 김민지, 박성경, 박우진, 한혜수를 비롯한 꽃다운 여학생들이다.

멀리 불가리아에는 다른 이들에게 동전 한 닢 두 닢을 받아 모은 돈을 둘레에 나눠 더불어 사는 멋이 무엇인지 보여준 백 살이 넘은 할아버지가 있다. 도브리 도브레브Dobri Dobrev. 도브레브 할아버지는 한 해 동안 소피아 랜드마크인 알렉산드르 네프스키 성당 앞에서 동냥해 모은 돈 7만 레바(약 5천300만 원)를 교회 살리기에 기부했다. 그동안 기부한 돈은 모두 190,700레바(약 1억4천140만 원)에 이른다.

1914년 7월 20일, 소피아에서 40km쯤 떨어진 작은 마을 바일로보에서 태어난 도브리 도브레브는 아버지가 제1차 세계대전 때 전사하는 바람에 홀어머니 아래서 자랐다. 제2차 세계대전이 한창이던 1940년 결혼해 아이 넷을 낳았는데, 마을에 폭탄이 떨어져 귀가 먹어 거의 들리지 않게 되었고, 부인과 아이 둘이 죽고 말았다. 이때 사는 데 물질이 보잘것없는 것임을 깨달은 도브리 도브레브는 있는 것에서 벗어나 살아가기를 새로운 지표로 삼았다. 그래서 모든 재산을 사회에 되돌린 뒤, 집을 마을 교회로 꾸며 예배를 드릴 수 있게 하고 스스로는 교회 뒤쪽에 작은 움막을 짓고 살았다.

제2차 세계대전이 끝나고 불가리아 교회를 다시 세우는 사업

기금을 모아야 할 때부터 도브레브는 날마다 알렉산드르 네프스키 성당을 찾았다. 도브레브가 사는 바일로보 마을에서 소피아까지는 40km. 날마다 버스를 타고 걷든지 차를 얻어 타고 아침 일찍 성당에 와서 기도를 올린다. 그러고 나서 성당 앞에 자리를 잡고 동냥 그릇을 꺼내 사람들에게 동전을 받기 시작한다. 하루 내내 알렉산드르 네프스키 성당과 소피아에 있는 교회들을 돌며 동냥하고 해가 지면 집으로 돌아간다.

도브레브는 다달이 나라에서 주는 100유로 연금만으로 살고, 동냥해서 모은 돈은 다 기부한다. 2010년, 알렉산드르 네프스키 성당은 헌금을 가장 많이 한 사람이 도브레브라고 밝혔다.

성당 앞에서 처음 동냥을 했을 때 성당에서는 도브레브를 쫓아내기도 했고, 신자들이나 방문객, 여행객들이 교회에 거칠게 따져 옴짝달싹 못 하게 막기도 여러 번이었다. 도브레브는 그때마다 돈을 모아 성당에 기부할 것이라고 했지만, 사람들은 믿지 않고 게으르고 일하기 싫어 동냥하는 것이라고 여겼다. 그러나 꿋꿋이 버틴 도브리는 2005년 1만 레바(약 750만 원)을 시작으로 2007년, 2만 5천 레바(약 1천800만 원), 2009년 3만 5,700레바(약 2천600만 원)를 기부했다.

급기야 도브리 도브레브 할아버지가 성당에 큰 기부를 한다는 사실이 교인들 사이에 널리 퍼졌고, 사람들은 할아버지가 들고 있는 플라스틱 컵에 더 많은 돈을 넣었다. 그 바람에 기부 금액이 더 늘어 2013년에는 5만 레바(약 3천700만 원)를 기부해 그 일이 만천하에 알려졌다.

1990년 사회주의에서 민주주의로 체제가 바뀌고, 2007년 EU 가입으로 거듭 사회변혁을 겪은 불가리아 사람들은 정서가 더 퍅퍅해졌다고 입을 모은다. 오래전 불가리아 사람들은 다른 유럽 사람들보다 더 온정을 나누고 이웃을 토닥이며, 나보다는 너를 챙기며 서로 보듬었다. 그러나 이제는 서로 제 밥그릇 챙기기에 바빠 이웃은커녕 곁에 있는 사람조차 돌아볼 겨를이 없었다.

그런데 백 살 할아버지가 판을 흔들었다. 불가리아 사람들은 지난 한 세기 쉼 없이 소용돌이친 사회에 휘둘리지 않고 믿음을 굳건히 이어 꽃피운 말간 삶, 성실성, 그 겸손한 오롯함에 뜨거운 갈채를 보낸다. 젊은이들은 페이스북에 이 할아버지 이름을 딴 페이지를 만들어 사진, 신문과 잡지 인터뷰 얼거리를 남기고 있다. 팔로어가 10만을 훌쩍 넘겼고 불가리아 언론뿐만 아니라 그리스, 이탈리아, 스페인, 독일, 영국, 일본에서도 앞다투어 도브리 도브레브를 그려냈다. 젊은 사람들이 앞장서서 도브리 할아버지를 배우는 모임을 만들고, 할아버지 얼굴이 마을마다 벽화로 그려지고 있다.

도브리 할아버지는 성당 앞에서 동냥하는 까닭을 교회에서 영성을 받고 나온 사람들에게 받은 거룩하고 정직한 동전들만을 모아 교회로 되돌리는 것뿐이라며 겸손해했다. 목숨이 붙어 있는 날까지 동냥해 모은 돈을 교회에 기부할 것이라는 도브리 할아버지를 사람들은 '가난한 천사', '거지 성인', '낯선 사람', '여행자', '하나님 손'이라 부른다.

불가촉천민을 해방하다

브힘라오 암베드카르(정치인, 사회개혁운동가)

학교에서 다른 학생들과 동떨어진 자리에 앉아 배우고, 물을 떠 먹을 권리조차 갖지 못했다. 인도 역사에서 처음으로 뭄바이, 미국, 독일, 영국에서 배워 변호사 자격과 경제학 박사학위를 얻었다. 그러나 외국에서 활동하지 않고 인도로 돌아와 일자리를 얻으려고 애썼으나 어디서도 불러주지 않았다. 변호사 사무실을 열었으나 불가촉천민 사건 말고는 사건 의뢰도 받지 못하고 갖은 차별을 겪은 끝에 아들 셋과 딸 하나를 영양실조와 위생 결핍으로 잃어야 했다.

식솔들에게 모진 고생을 시키면서도 어려움을 겪는 사람 모두가 아픔에서 벗어나게 해야 한다며 천대받는 사람들과 신음하는 여성을 보듬는 데 삶을 바쳤다. 인도 독립운동에 앞장서고 '인도 헌법 아버지', '불가촉천민 해방자'로 인도인들이 우러르는 '어른'으로 불리며 세상을 떠난 지 70여 년이 되어가는 오늘날에도 인도 가정마다 사진이 모셔져 있는 사람이 있다. 브힘라오 람지 암베드카르Bhimrao Ramji Ambedkar(1891~1956년).

암베드카르는 인도말로 '달리트'라 불리고 '지정 카스트'라 불리는 불가촉천민 출신이면서도 변호사, 교수, 노동부 장관, 인도 독립 뒤 초대 법무부 장관을 거쳐 사회운동가이며 종교지도자로 탈바꿈한 사람이다. '개·돼지보다도 못한' 취급을 받아온 불가촉천민이 '사람임'을 외쳐 정치·사회·경제 권리를 인도 헌법에 적바림한 성과만으로도 열정과 추진력은 어림하고도 남는다. 거리 곳곳에 간디 동상보다 더 많이 세워진 동상이 알려주듯, 불가촉천민 해방운동에 힘쓴 혁명가 암베드카르는 인도 민중이 떠받드는 영웅이다.

인도 카스트 계급인 브라만(성직자), 크샤트리아(무사), 바이샤(상인), 수드라(천민) 어디에도 끼지 못하고 가장자리로 떠밀린 불가촉천민은 말 그대로 닿기만 해도 더러워진다고 떠밀리던 계층으로, 말로 다 할 수 없는 괴롭힘을 받으며 주검 처리나 잡역부 노릇으로 근근이 목숨을 이어갔다. 세계 사람들에게 우러름을 받는 모한다스 간디Mohandas Gandhi는 불가촉천민에게 동정심을 보였지만 힌두 전통을 바꾸려 들지는 않았다.

"사람은 누구나 조상 대대로 내려오는 직업에 따라 밥벌이를 해야 한다."

간디는 카스트 제도를 무너뜨리는 것은 인도 전통을 망가뜨리는 일이라면서 불가촉천민에게는 기술을 가르쳐주지도 않았다.

간디와는 달리 암베드카르는 불가촉천민이 사회 구조상 어쩔 수 없이 주어진 가난 때문에 교육받을 기회를 잃었으므로 입법부만이 아니라 행정부에 나아갈 권리를 줘야 한다고 끊임없이 흔들었다. 그 결과 크하레 내각은 1937년 불가촉천민 한 사람을 국무위원으로 뽑았는데, 간디는 반대했다. 암베드카르는 인도 정부 초대 법무부 장관으로 있으면서 인도 민주헌법과 법전 의안 초안을 만들어 '인도 법률 아버지'로도 불린다. 또 정계에서 물러난 뒤로는 불가촉천민 해방운동에 앞장서 '천민 아버지'로 떠받들어진다.

암베드카르는 불교 평등사상을 받아들여야 억눌리는 사람들을 끌어올릴 수 있다고 믿고, 스스로 불교도가 되어 불가촉천민을 불교도로 만들어 평등을 이루기로 마음을 굳힌다. 1956년 10월 14일과 15일, 인도 딕샤 부미에서 암베드카르를 따라 50만 명이 한꺼번에 불교도가 된 일은 일찍이 없었던 가장 큰 개종으로 역사에 길이 남을 사건이다. 암베드카르는 그

자리에서 "이제 이 자리에서 상상하기 어려운 기쁨과 기꺼움을 맛보고 있다. 마치 지옥에서 풀려난 듯한 느낌"이라고 했다.

암베드카르는 그렇게 인도에 불교를 돌려주었다. 암베드카르도 처음에는 힌두교 테두리 안에서 천민 해방을 이루려 했다. 그러나 힌두교 틀 안에서는 도저히 카스트 제도를 넘어설 수 없다고 여겨, 1935년 이렇게 외쳤다.

"저는 힌두교인으로 태어났습니다만 제가 힌두교인으로 죽는 일은 없을 것입니다."

그렇게 힌두교를 내려놓고는 카스트 원리를 제공한 힌두교 성전《마누법전》을 사람들 앞에서 불태우기도 했다.

암베드카르는 인도에서 거의 죽어버린 불교에 눈을 돌려 인간 근본 평등과 보편성에서 길을 찾았다.

가장 소박한 대통령

호세 무히카(정치인)

2010년 3월 1일 대통령이 된 남미 우루과이 호세 무히카Jose Mujica는 흔히 우리가 아는 대통령들과는 너무 달랐다. 대통령이 되면서 신고한 개인 재산은 1987년에 나온 폭스바겐 비틀 자동차 한 대뿐이었다. 바닷가 휴양도시에 있는 대통령 별장을 '없어도 된다'며 팔아치운 무히카 대통령은 대통령궁도 노숙자 쉼터로 내주었다. 상원의원인 루시아 토폴란스키 여사가 가진 허름한 집에 사는데, 경비원 두 사람과 다리 하나를 잃은 개 한 마리가 집을 지켰다. 영부인은 "대통령이나 나나 모두 구시대 사람이라 신용카드도 없다"고 밝혔다.

중고차를 몰고 아내와 텃밭을 가꾸며 시골집에서 소박하게 사는 우루과이 대통령 호세 무히카를 지켜보는 눈길은 놀라움으로 설렌다. 대통령 월급 1만 2천 달러(약 1천300만 원) 가운데

90%를 집이 없는 가난한 사람들과 소상공인을 돕는 자선단체에 건네고, 남은 돈만으로 삶을 꾸렸다. 동네 평범한 음식점에서 밥을 먹고, 변기뚜껑을 직접 사고, 동네 아이들이 하는 축구를 응원하는 호세 무히카는 여느 이웃집 할아버지였다.

1935년, 우루과이 수도 몬테비데오에서 태어난 호세 알베르토 무히카 코르다노는 1960년대 쿠바혁명에서 영감받은 우루과이 좌파 무장 게릴라 단체 '투파마로스'에서 활약했다. 군사정권 아래 여섯 번이나 총에 맞았고, 1972년 군사독재 정권에 체포돼 14년 옥살이하는 동안 두 번이나 탈옥하려고 했다. 파란만장한 젊은 날을 보내면서 무히카는 지나친 물질주의가 삶을 망가뜨린다고 생각한다. 1985년, 우루과이가 민주화되면서 석방된 무히카는 무장투쟁과 헤어지면서 '협상과 대화가 내 연장'이라고 말했다.

1994년 하원의원을 거쳐 1999년 상원의원이 된 호세 무히카는 2004년 대통령선거에서 중도 좌파 정당 연합체 광역전선이 힘을 몰아준 타바레 바스케스 후보가 이기는 데 앞장서 바스케스 행정부에서 농목축수산부 장관을 지냈다. 2008년 12월, 광역전선 대통령 후보로 뽑힌 호세 무히카는 중도 우파 계열 국민당원 루이스 알베르토 라카예와 맞붙어 1차 투표에서 득표율

47.96%를 차지하고, 2차 투표에서 52.6%를 얻어 대통령이 되었다. 무히카는 대선 유세 때 "이념은 거꾸러졌고 폭넓게 생각하는 힘 있는 좌파가 떠오르고 있다"고 외치며 본보기로 브라질 룰라 대통령을 꼽았다.

옥살이가 깊이 살필 수 있는 계기가 됐다고 말하는 무히카는 이렇게 목청을 높인다.

"사람들이 나를 '세상에서 가장 가난한 대통령'이라고 부르지만, 나는 내가 가난하다고 생각하지 않는다. 정작 가난한 사람들은 사치스럽게 살면서도 더 많은 욕망을 채우느라 허겁지겁하는 사람들이다. 재산이 많지 않으면 재산을 지키려고 노예처럼 일하지 않아도 되기 때문에 제게 쓸 시간이 더 많다. 내가 정신 나간 늙은이처럼 보일지도 모르지만, 스스로 골랐을 뿐이다. 우리가 아이를 키우고 이웃을 아우르며 사람답게 살 수 있을 만큼만 발전해야 한다."

2012년 6월, 브라질 리우 정상회의에서 호세 무히카는 이런 연설을 한다.

독일 가정에서 가진 자동차 수와 같이 인도 사람들이 가진다면 지구는 어떻게 될까요? 그렇게 된다면 우리가 숨 쉴 수 있는 산소가 남아 있기나 할까요?

우리는 소비사회에 끌려다니고 있습니다. 우리는 발전하려고 태어난 것이 아닙니다. 행복하려고 지구에 왔습니다. 삶은 짧고 바로 눈앞에서 사라지고 맙니다. 목숨보다 더 아까운 것은 없습니다. 대량소비가 세계를 무너뜨리고 있는데도 우리는 비싼 상품을 소비하는 생활방식을 이어가려고 삶을 허투루 쓰고 있습니다. 소비가 동력인 세계에서는 거듭 많이 그리고 빨리 써야만 합니다. 소비를 멈추면 경제가 멈추고, 경제가 멈추면 불황이라는 괴물이 나타납니다. 10만 시간이나 쓸 수 있는 전구를 만들 수 있어도 1천 시간만 쓰는 전구만 팔아야 하는 사회에 살고 있습니다. 사람들이 더 일하고 더 많이 팔게 하려고 '일회용 사회'를 이어가야 합니다.

나는 환경자원이 넉넉한 작은 나라를 대표합니다. 우리나라 사람은 삼백만 명밖에 안 됩니다. 그러나 우리나라에는 세계에서 가장 맛있는 소가 일천삼백만 마리나 있고, 염소도 팔백만 마리에서 일천만 마리쯤 있습니다. 아주 작은 나라인데도 90%나 되는 땅이 거름집니다. 내 동지인 노동자들은 8시간 노동을 얻으려고 싸웠고, 이제는 6시간 노동을 만들어가고 있습니다. 그러나 6시간 노동을 하게 된 사람들은 다른 일도 하고 있어 전보다 더 오랜 시간 일합니다.

오토바이나 자동차 따위를 사는 데 들어간 할부금을 갚아야 하기 때문입니다. 그 사람이 그 돈을 다 갚고 나면 저처럼 류머티즘성 관절염을 앓는 늙은이가 되어 있고, 삶이 이미 끝나간다는 것을 깨달을 것입니다.

개발이 행복을 가로막아서는 안 됩니다. 개발은 사람들에게 행복을 가져다주어야만 합니다. 개발은 행복, 지구 사랑, 사람 사이, 아이 돌봄, 동무 사귀기처럼 기본 욕구를 채워주어야 합니다. 우리에게 없어선 안 될 자산은 바로 행복이기 때문입니다. 환경문제에서 놓치지 말아야 할 것이 바로 인류 행복입니다.

대통령이 경호원도 없이 승용차를 운전할 수 있는 안전한 나라로 꼽히고, 다른 중남미 나라에 견줘 부패와 빈부격차가 가장 적은 나라로 알려진 우루과이. 정치 노선에 따라 대통령 선호도가 엇갈리기도 하지만, 청렴성을 이야기할 때는 누구라도 선뜻 엄지손가락을 치켜세운다. 퇴임 뒤에도 나누는 삶을 이어가고 있는 호세 무히카 전 대통령은 "혼자 검소해서는 가난한 사람들을 다 돕지 못한다"면서 온 사회가 함께 나서야 한다고 힘주었다.

바닷길을 연 한국판 모세

현봉학(의사, 한국 쉰들러)

1950년 6월 25일, 북한군이 밀고 내려온 지 한 달여 만에 낙동강까지 밀려 '바람 앞에 등불'이던 한국. 인천상륙작전 성공으로 38선을 넘어 북진, 통일을 눈앞에 두는 듯했다. 그러나 중공군이 쏟아져 들어와 국군과 유엔군은 흥남에서 밀려나는데, '굳세어라 금순아'란 노래를 낳은 '흥남 철수작전'이 펼쳐진다. 이때 십만에 가까운 목숨을 살린 이가 현봉학이다.

1922년 함경북도 성진에서 태어나 함흥고보와 세브란스 의전을 마친 현봉학은 광복하고 나서 식구들과 함께 38선을 넘었다. 서울적십자병원 의사로 있던 현봉학은 이화여대에서 영어를 가르치던 윌리엄스 부인에게 도움을 받아 미국 버지니아대학으로 유학을 떠난다. 2년 동안 임상병리학을 배우고 다시 한국으로 돌아와 세브란스 병원에서 일하다가 한국전쟁을 맞는다. 피범벅이 된 채 밀려드는 병사들을 치료하던 현봉학은 피가 모자라자 제 팔뚝에 주삿바늘을 꽂아 수혈하기도 했다.

국군과 함께 후퇴해 대구에서 군의관으로 일하던 현봉학은 우연히 한국 해병대 통역 문관이 된다. 서울을 되찾고 북진하는 한국 해병대를 따라 강원도 고성까지 갔다가 시찰 나온 미 10군단장 에드워드 알몬드 소장과 부참모장 에드워드 포니 대령을 만난다.

알몬드 소장은 현봉학에게 영어를 잘하는데 어디서 배웠느냐고 물었다. 버지니아대학에서 의학을 공부했다는 말에 알몬드 소장은 고향이 버지니아주 루레이라며 반가워했다. 그러고는 고향이 어디냐고 물었고, 미 10군단 사령부가 있는 함흥이라고 하자 "함흥을 아는 사람이 없어 고민하던 차에 마침 잘됐다"며 현봉학을 미 10군단 민사부 고문으로 삼았다.

미 10군단 해병대 1사단은 11월 하순에 개마고원 장진호를 따라 압록강 중류 쪽으로 치고 올라갔으나 중공군에게 둘러싸이고 만다. 그런데 기온이 낮에는 영하 30℃, 밤에는 영하 40℃ 밑으로 떨어져 중공군보다 추운 날씨와 먼저 싸워야 했다. 맥아더 사령부는 다 물러서라고 명령했다. 미군 철수작전에는 병력 십만과 수십만 톤에 이르는 물자 수송만 있을 뿐 피난민을 실어 나를 계획은 없었다. 그러나 유엔군을 도운 일로 보복이 두려웠던 피난민들은 흥남으로 몰려들었다. 10군단 민사부 고문이던 현봉학은 알몬드 장군에게 피난민들도 데려가자고 하소연했다. 알몬드는 군인들과 장비를 실을 배도 모자라는 판에 피난민을 태울 수는 없다고 잘랐다.

중공군은 함흥 턱밑까지 와 있었다. 현봉학은 애가 닳아 매달렸다.

"안 됩니다. 우리만 물러가면 여기서 유엔군을 도운 사람들은 다 죽습니다!"

보다 못해 부참모장 포니 대령이 군 수송선 탱크와 야포, 트럭 사이사이에 피난민을 끼워 태우면 사오천 사람은 태울 수 있다고 나섰다. 알몬드도 이 말에 따라 피난민도 태우기로 한다.

그런데 이 소식을 듣고 피난민들이 새카맣게 몰려들었다. 배를 타고 못 타고에 따라 삶과 죽음이 갈리는 순간이었다. 알몬드는 하는 수 없이 군 장비를 버리고 피난민을 배에 태우기로 한다. '크리스마스 카고 작전'으로도 불린 이 '흥남 철수작전'으로 군인 십만 오천과 십만에 가까운 피난민이 배 195척에 나눠 타고 남으로 올 수 있었다.

1950년 12월 24일, 메러디스 빅토리호는 피난민 일만 사천 사람을 마지막으로 태우고 남녘으로 내려왔다. 상급선원 로버트 러니는 뒷날 피난민들을 추켜세웠다.

피난민들은 질서정연하게 배에 오르고, 서로 밀치지도 않았다. 배에는 화장실도, 물도, 음식도 없었다. 그런데도 그 추운 갑판 위에서 잘 참아준 그 사람들이 참다운 영웅이다.

바닷길을 열어 피난민에게 내일을 가져다준 현대판 모세 현봉학은 그때를 이렇게 돌아봤다.

피난민들은 선박 구석구석뿐 아니라 차량 밑, 장갑차 위에서 모세를 따라 홍해를 건너는 마음으로 거제도에 왔다. (…) 내가 한 일은 아무것도 아니다. 당시 함북도지사였던 문준희를 비롯해 북녘땅 곳곳에서 피난민들을 탈출시키고 숨진 수많은 분이 있었다.

현봉학은 공을 드러내기보다는 외려 저 때문에 수많은 사람이 이산가족이 됐다고 안타까워하며 마음을 다해 통일을 바랐다.

가장 아름다운 작전, '유모차 공수작전'

러셀 블레이즈델(목사, 미군 군목)

근대사만 보더라도 우리나라는 전쟁터였던 때가 적지 않았다. 그 가운데서도 겨레끼리 총부리를 겨눈 6·25전쟁은 제2차 세계대전 뒤 열다섯 해나 끈 베트남전쟁 다음으로 많은 사상자를 내서 삼백만이나 되는 목숨을 앗아간 처절한 싸움이었다. 그러나 서로 죽여야 하는 전장에서 제 목숨 내어놓고 다른 이를 살리려고 애쓴 사람도 적지 않았다.

인천상륙작전으로 되찾은 서울에 미군 제5 공군사령부가 들어왔을 때 러셀 블레이즈델Russell Blaisdell 중령도 함께 왔다. 지프를 타고 거리를 지나던 블레이즈델은 어버이를 잃고 길거리에 버려져 울고 있는 두어 살짜리 여자아이와 스쳤는데, 그날 밤 아이 눈망울이 눈에 밟혀 잠을 이루지 못했다. 아이를 찾아 거리를 헤매다 2주 만에 겨우 찾았을 때, 아이는 오랜 굶주림으로 죽어가고 있었다.

그 뒤로 블레이즈델 중령은 거리를 돌며 고아들을 데려다가 먹이고 입히기에 온 힘을 쏟았다. 어느 날은 하루에 오십 사람이 넘는 고아들을 데려가기도 했다. 그런데 아이들에게 먹일 밥과 옷이 없어 병사들 주머니를 털어야 했다. 고아들이 늘어나자 학교 건물을 얻어 한국인 의사와 간호사, 자원봉사자에게 도움을 받아 일천 남짓한 어린이들을 보살피기에 이른다.

그러나 1950년 12월, 전투 경험이 많은 중공군이 물밀듯이 밀고 내려오는 바람에 연합군은 서울을 다시 내놓고 물러서야 했고, 제5 공군사령부도 대전으로 물러났다. 고아들을 버려두고 떠날 수 없었던 군목 블레이즈델 중령과 일천 남짓한 아이들, 자원봉사자 백여 사람만 덩그러니 남았다. 아이들을 안전한 곳으로 보내야 한다는 마음으로 이리 뛰고 저리 뛰던 블레이즈델 중령은 인천에 배가 있다는 얘기를 듣고는 트럭 한 대로 아이들을 사흘 밤낮 동안 실어 날랐다.

막상 가보니 바다에 띄우기 힘들 만큼 낡은 고깃배 한 척뿐이어서 아이들을 태웠다가는 다 물에 빠뜨려 죽일 판이었다. 그날 밤 살을 에는 듯한 12월 맵짠 추위에 아이 여덟이 독감과 백일해로 죽었다. 아이들 목숨이 눈 깜짝할 새에 달렸는데 아무것도 할 수 없었다.

12월 20일, 중공군이 내려온다는 소리에 갈피를 잡지 못하던 블레이즈델은 문득 서울병원 정형외과 의사에게 딸들도 데리고 피신하겠다고 했던 약속을 떠올렸다. 다시 서울로 돌아가는 길에 작전 책임자 로저스 중령을 만나 숨가쁜 현실을 알리며 도와달라고 매달렸다. 로저스 중령은 "마침 오키나와 기지에 닿은 미 C-54 비행기 16대를 보내줄 테니 내일 아침까지 아이들을 김포공항으로 데려오라"고 했다. 그러나 인천에서 김포까지 트럭 한 대로 아이들을 실어 나르려면 또 사흘이 걸릴 테니 말짱 도루묵이 될 딱한 처지였다. 때마침 시멘트 하역 작업을 하러 온 미군 해병대 트럭 14대가 눈에 띄었고, 블레이즈델 중령은 허가받은 작전인 것처럼 속여 아이들을 실어 나르게 했다.

이튿날 아침, 아이들은 무사히 김포공항에 닿아 미군 수송기를 타고 제주로 떠났다. 이 아이들을 품어준 사람은 해방 뒤 만주, 일본에서 돌아와 오갈 데 없는 동포를 보듬는 '보화원'을 운영하던 황온순 여사였다.

그 뒤 블레이즈델 중령은 명령불복종죄로 군사재판에 넘겨졌다.

"그렇게 해야만 했습니다. 만약 군목이 하는 일이 죽음에 내몰린 아이들을 못 본 체해 죽게 만드는 일이라면 바로 전역하겠습니다."

무죄 판결을 받고 전역한 블레이즈델 목사는 일본에 머무르면서 옷과 식료품, 의약품을 한국에 있는 고아들에게 보냈다. 그러나 전쟁이 끝나면서 전쟁고아를 살려낸 거룩한 사랑도 묻히고 말았다.

블레이즈델 중령이 보낸 고아 천오십구 사람을 제주에서 넘겨받아 '한국보육원'을 세우고 아이들을 돌본 황온순 여사. 두 사람은 인연을 맺은 지 쉰 해 만인 2001년에 다시 만났다. 황온순 여사는 나이 백한 살, 블레이즈델 목사는 나이 아흔한 살이었다.

블레이즈델 목사는 말했다.

"마땅히 해야 할 일을 했을 뿐입니다. 추위와 배고픔에 떠는 아이들을 두고 떠난다는 생각은 해본 적이 없고, 고아 수송 작전은 용기가 아니라 책임이었습니다."

2003년 7월 27일, 블레이즈델 목사 덕분에 목숨을 건지고 평화를 찾은 고아들은 워싱턴주 벨링햄에 있는 빅 록 가든 공원에서 열린 '한국 휴전 50주년 기념식'에서 정자를 세워 고마운 마음을 기렸다. 처음 블레이즈델 중령을 흔들었던 두 살배기 여자

아이는 미국 가정에 입양돼 수지 알렌이라는 이름을 얻고 미국인과 혼인해 음식점을 경영하고 있다.

한국전쟁 한가운데서 미 공군 병사들 스스로가 펼쳤던 이 작전에는 '유모차 공수작전'이라는 이름이 붙었다. 유모차 공수작전은 세계 전쟁사에 유례없는 가장 아름다운 작전이었다.

이 환자에게 닭 두 마리 값을 내어주시오

장기려(의사, 사회사업가)

모든 것을 가난한 이웃에게 베풀고 자기를 위해서는 아무 것도 남겨놓지 않은 선량한 부산 시민, 의사, 크리스천. 이 곳에 잠들다.

의사로 60년을 살았지만 집은커녕 전 재산이 천만 원, 그마저 간병인에게 주고 떠난 '덜 가지고 더 많이 있은' 의사 장기려 묘비에 써 있는 말씀이다.

장기려는 1911년 평안북도 용천에서 태어나 경성의학전문학교와 일본 나고야대학 의학박사 학위를 받았다. "치료비가 없어 평생 의사 얼굴 한 번도 보지 못하고 죽어가는 사람들 곁을 지키는 의사가 되고 싶다"는 바람으로 간 평양연합기독병원에서 간종양 절제수술은 하지 못한다는 통념을 깨고 간암 말기 환자 수술에 성공한다. 그 뒤 전국에서 밀려드는 환자로 정신없이 바쁜 나날을 보내면서도 쉬는 날에는 자전거에 왕진 가방과 약품을 싣고 시골 마을을 돌며 가난한 이웃을 보살폈다. 수술비가 없는 환자를 보듬으려고 봉급으로 피를 사서 수술대에 오르게 할 만큼 월급을 모두 가난한 환자에게 들어가는 치료비로 썼기 때문에 부인이 삯바느질로 가까스로 살림을 꾸렸다.

1950년 12월, 피난길에 길이 엇갈려 아내 김봉숙과 다섯 남매를 북녘땅에 남겨두고 둘째 아들 가용만 데리고 남으로 내려온 장기려는 여섯 달 동안 부산 제3 육군병원에서 일했다. 그 뒤 미국에서 공부하다 1·4후퇴 소식을 듣고 '나라가 바람 앞에 등불인데 공부만 하고 있을 수는 없다'는 생각으로 미국 친구들에게서 모은 5천 달러를 가지고 돌아온 전영창(거창고등학교 설립자)과 만난다. 장기려는 전영창이 가지고 온 5천 달러를 부싯돌 삼아 미군 부대에서 천막 3개를 얻어 부산 영도구 남항동에 있는 교회 창고에서 1951년 6월 행려병자들에게 돈을 받지 않고 진료하기 시작했다. 이곳에서는 전기도 들어오지 않는 가운데 촛불을 켜고 응급수술을 해야 했다.

전쟁이 끝나고 병원 운영이 어려워지자 병원비를 조금씩 받게 되면서 장기려 박사는 주머니를 털어 가난한 환자를 치료했다. 월급을 다 털어도 환자를 도울 수 없게 되자 입원비가 없어

퇴원하지 못하는 환자에게 "제가 뒷문을 열어놓을 테니 어서 가세요" 하기도 여러 차례. 먹지 못해 낯빛이 누렇게 뜬 환자에게 써준 처방전은 이랬다.

이 환자에게 닭 두 마리 값을 내어주시오.

원장.

장기려는 평생 병원 옥탑방에 살면서 가진 돈을 털어 무의촌 진료를 다녔다. 1968년, 뜻있는 사람들과 '청십자 의료보험조합'을 세워 당시 100원 하던 담뱃값만도 못한 월보험료 60원을 받고 병원 문턱을 낮춰 온 나라 사람에게 의료보험 혜택이 돌아갈 때까지 삼십만 명 남짓한 영세민들을 보듬었다. 동냥하러 온 거지와 겸상을 하고, 겨울이면 번번이 거지에게 외투를 벗어주고 퍼렇게 얼어서 집으로 돌아오곤 했던 장기려를 사람들은 '작은 예수' 또는 '바보 의사'라고 불렀다.

1979년, 청십자 의료보험조합을 세워 가난한 사람들에게 의료혜택을 받게 했다고 아시아 노벨상이라 불리는 막사이사이상 사회봉사 부문을 수상했다.

"올해 크리스마스에는 오지 못할 것 같아서 미리 왔네."

남모르게 돌봐준 환자에게 장기려가 건넨 마지막 인사였다. 1995년 12월 25일, 세상을 떠나는 마지막 날까지 북녘에 두고 온 식구들을 만나지 못했던 머리맡에는 사진 두 장이 놓여 있었다. 하나는 갓 결혼했을 때 젊은 아내 모습을 담은 것이고, 또 하나는 뒷날 어렵사리 얻은 늙어버린 아내 사진이었다.

사실 1985년 9월 남북 고향방문단이 서울과 평양을 오갈 때 정부에서는 북에 있는 식구들을 만나게 해주겠다며 방북을 신청하라고 했다. 그러나 장기려는 "남쪽이든 북쪽이든 내 목숨 다할 때까지 함께 살 수 있다면 모를까 사양하겠다"며 손사래 쳤다.

뒷날 아내와 편지를 주고받을 때 장기려는 이렇게 썼다.

> 난들 왜 가보고 싶지 않겠소. 당신과 자식들을 만나고, 지금은 돌아가셨을 부모님 산소도 돌아보고, 고향 집과 평양 옛집에도 가보고 싶소. 그러나 일천만 이산가족 모두 아픔이 나 못지않을 텐데 어찌 나만 가족을 재회하는 기쁨을 맛보겠다고 북행을 신청할 수 있겠소.

아내는 편지에서 이렇게 답했다.

부모님과 아이들이 힘든 일을 겪을 때마다 저는 마음속 당신에게 물었습니다. 그때마다 당신은 이렇게 하면 어떠냐고 응답해주셨고, 저는 그대로 했습니다. 잘 자란 우리 아이들, 몸은 헤어져 있었지만 저 혼자서 키운 것이 아닙니다.

장기려는 말한다.

"바보라는 말을 들으면 그 삶은 성공한 삶입니다. 그리고 승리는 사랑하는 자에게 있습니다."

타고난 인도주의자 영웅

김영옥(한국계 미국 군인, 전쟁영웅)

2009년 9월에 로스앤젤레스 코리아타운에 문을 연 센트럴 로스앤젤레스 중학교 이름은 '김영옥중학교'였다. 미국에 세워진 학교에 한국 사람 이름이 붙은 것은 두 번째이고, 중학교로는 처음이다. 김영옥이 대체 누구일까.

1919년 미국 이민 2세대로 태어난 김영옥(1919~2005년)은 제2차 세계대전과 한국전쟁에서 공을 세운 전쟁영웅이다. 아울러 한국전쟁 한가운데서 오갈 데 없던 오백여 아이를 '경천애인사'라는 고아원에 데려다 돌보았을 만큼 타고난 인도주의자였다.

제2차 세계대전이 일어나자 김영옥은 아시아 사람으로는 유일하게 초급 장교가 되어 첫 전투를 1943년 9월 이탈리아 나폴리 남쪽에 있는 작은 해안 도시 살레르노에서 맞았다. 김영옥은 그때를 이렇게 떠올린다.

> 탱크 포탄이 터지고 포성이 들려오는 방향에서 독일군 탱크를 보는 순간, 모든 상황이 한눈에 들어와 차분히 정리됐다. 마치 전생에서 지금과 똑같은 경험을 한 적이 있어 답도 알고 있는 느낌이었다. 그래선지 작은 공포도 없이 냉철해질 수 있었다.

장교 후보생 때부터 지도 읽는 법과 방향감각에서 누구도 따라올 수 없게 빼어났던 김영옥은 "처음 가는 곳이라도 일단 지도를 본 뒤에는 상상한 대로 실제 지형이 펼쳐졌다"고 말했다.

이듬해 5월, 로마 해방을 눈앞에 둔 연합군은 독일군이 연합군 주력 부대가 쳐들어올 것을 미리 알고 길목에 탱크 사단을 숨겨놨다면 모든 게 물거품이 되는 갈림길에 섰다. 노르망디상륙작전에 앞서 로마에 들어서려는 클라크 사령관은 적군이 어떻게 하고 있는지 어서 알아내라고 다그쳤다. 100대대 정보참모 김영옥 중위는 대대장 싱글스 중령에게 몇 사람이 밤에 적진으로 몰래 들어가 숨어 있다가 낮에 마음을 풀고 있을 때 움직이면 될 수 있다고 말했다.

싱글스 중령이 "미친 소리!"라고 딱 잘랐으나 김영옥은 물러서지 않았다. '승인 불가'라는 딱지가 붙어 사단 본부, 군단 본부를 거쳐 사령부에 올라간 이 계획에 "죽을 줄 뻔히 알면서도 하겠다면 굳이 말리지는 않겠다"는 답이 돌아왔다.

김영옥은 항공 입체사진 수백 장을 놓고 지형을 머리에 담은 뒤, 5월 16일 밤 10시 30분에 일본계 아카호시 일병과 단둘이 악명 높은 독일군 지뢰밭을 40분에 걸쳐 기어서 들어갔다. 그러고는 철조망을 뚫고 들어가 도랑에서 동이 틀 때까지 기다렸다. 뜬눈으로 밤을 지새우고 아군과 적군이 모두 잠든 시간, 두 사람은 경계가 풀린 독일군 보초 눈길을 피해 개인 참호에서 잠자던 독일군 두 사람에게 다가가 입에 총구를 쑤셔 박았다.

그렇게 적을 생포해 종대 포복으로 온 길을 되짚어 나온 두 사람은 아무 탈 없이 아군 진지로 돌아왔다. 김영옥은 이때 독일군들이 도망병이라는 누명을 쓰지 않도록 안전핀을 풀지 않은 미제 수류탄을 놔두고 돌아올 만큼 휴머니스트였다. 한국전쟁에서도 승패와 관계없이 눈에 띈 중공군에게 겨눈 총구를 걷어 올려 중공군을 살려 보낸 바 있었다. 공로를 인정해 김영옥에게 특별 무공훈장을 수여하던 클라크 사령관은 그 자리에서 부관 계급장을 떼어내고 대위 계급장을 달아주었다.

연합군은 김영옥이 잡아 온 포로에게 얻은 정보를 바탕으로 5월 23일에 쳐들어갔고, 노르망디상륙작전이 펼쳐지기 이틀 전인 6월 4일 로마에 들어섰다. 김영옥이 있던 100대대는 독일군이 연합군 진입을 막은 마지막 보루인 프랑스 보주산맥 브뤼에르와 비퐁텐을 해방시키기도 했다. 작가 한우성은《아름다운 영웅 김영옥》을 쓰려고 브뤼에르를 찾았을 때 아직도 '카피텐Capitaine 김(김 대위)'을 기억하며 탄성을 지르는 할머니, 할아버지를 만났다. 브뤼에르에서 멀지 않은 비퐁텐 마을에 있는 성당 현관 옆 동판에는 이렇게 적바림되어 있다.

> 100대대 영웅 가운데 한 사람인 카피텐 김영옥이 이 현관 왼쪽에서 독일군 포로가 됐다가 치넨 씨와 함께 탈출했다.

독일이 무너진 뒤에는 일본 본토 상륙 명령을 받아 독립군 후예로 빚 갚기를 별렀으나, 일본이 항복하는 바람에 제2차 세계대전이 끝나자 김영옥은 군복을 벗었다. 1950년, 조국에서 전쟁이 일어났다는 소식을 들은 김영옥은 하던 사업을 접고 부랴부랴 자원입대했다. 김영옥은 "조국을 위해 싸우고 싶었고, 이 전쟁에 미국도 책임이 있다고 느꼈다"고 말했다.

둘레에서 말리는 것을 뿌리치고 최전방을 지원해 아시아 사람으로는 처음으로 백인을 지휘하는 대대장이 된 김영옥.

불패 신화를 낳으며 옴짝도 못 하던 전선을 뚫어 60km나 북진, 휴전선을 북쪽으로 치솟은 철모 모양으로 만드는 데 큰 힘을 보탰다.

마크 클라크 전 유엔군 총사령관은 "김영옥은 나와 함께했던 오백만 군인 가운데 으뜸"이라고 했으며, 존 코백 미 육군 예비역중령은 "김영옥을 아는 사람들은 입을 모아 알렉산더 대왕 다음가는 으뜸 군인이라고 떠받든다"고 엄지를 치켜세웠다. 제2차 세계대전 때 김영옥 아래서 줄곧 싸웠으나 일병에서 상병으로도 진급하지 못한 평범한 군인, 일본계 더글러스 일병은 전쟁이 끝나고 수십 년이 지난 어느 날 김영옥에게 이렇게 말했다.

"내가 몸 성히 집에 올 수 있었던 것은 오로지 당신 덕분입니다. 결혼도 하고 아들 셋을 낳았는데, 제 아들들은 당신 덕택에 세상 빛을 볼 수 있었습니다."

한국전쟁을 겪고 난 뒤 김영옥은 조심스럽게 한 걸음 한 걸음 세상을 보듬는 걸음을 내디뎠다. 먼저 말과 문화장벽 탓에 미국 사회보장제도를 잘 헤아리지 못하는 저소득층 이민 1세대에게 정보를 주고, 장애인과 병약자에게 재활서비스를 받도록 해서 튼튼한 한인 사회를 이어가도록 비영리 보건기구인 '한인 건강

정보센터'를 만들었다. 한인 건강정보센터는 이제 연간 500만 달러가 넘는 예산을 쓰는 커다란 봉사 기관으로 발전했다. 이 밖에도 미국에서 수많은 시민 봉사단체를 만들어 어려운 이웃을 보듬었지만, 이름을 내세우지 않고 그저 묵묵히 할 일을 했기에 아는 사람이 드물다.

한국, 이탈리아, 프랑스 세 나라에서 으뜸 훈장을 비롯해 미국 특별무공훈장과 은성무공훈장까지 합쳐 모두 15개나 되는 훈장을 받은 전쟁영웅 김영옥. 그러나 그보다 값진 것은 국민훈장 모란장을 비롯해 한국과 미국에서 사회봉사로 받은 셀 수 없이 많은 훈장과 포상이다. 참다운 인도주의자 김영옥은 이제 이 세상 사람이 아니지만, 김영옥이 보듬어 안아준 사람들과 후예들 가슴에서 아직도 살아 숨 쉬고 있다.

거룩한 실패자

어니스트 섀클턴(탐험가)

1909년 1월 9일, 어니스트 섀클턴Ernest Shackleton(1874~1922년)은 당시 남극 탐험기록으로 가장 남단인 남위 88도 23분에 이르렀다. 섀클턴은 그 자리에 알렉산드라 왕비가 내려준 깃발을 꽂아 역사에서 가장 남단을 밟았다는 표시를 남기고 '킹 에드워드 7세 고원지대'라고 이름 지었다. 남극점에서 155km 떨어져 있는 이곳에서 섀클턴이 남극점으로 더 나아가지 못한 까닭은 먹을 거리가 모자랐기 때문이다.

섀클턴은 그날 밤 일기에 이렇게 적었다.

> 비록 남극점 정복은 실패했지만, 있는 힘을 다 쏟았기 때문에 뉘우치지 않는다. 이제 돌아가는 길에 하나님이 지켜주시기를 빌 뿐이다. 아멘.

섀클턴은 탐험을 나설 때마다 늘 '모든 대원이 살아서 집으로 돌아가게 해야 한다'고 생각했고, 이 생각이 어려움에 놓인 대원들이 탈 없이 집에 돌아오게 했다. 그때만 해도 탐험 길에 나선 대원이 모두 살아 돌아오는 일은 없었다. 이 탐험으로 영웅이 된 섀클턴은 국왕에게 귀족 칭호 '경'을 받았다.

남극점 정복은 노르웨이 사람 로알 아문센이 가장 먼저 이뤄냈다. 아문센과 겨뤄 남극점 탐험에 나섰던 섀클턴 선배 로버트 스콧은 아쉽게도 꿈을 이루지 못하고 모든 대원이 고향으로 돌아오지 못했다. 그러자 섀클턴은 남극점 정복보다 새로운 탐험 길을 열겠다며 남극대륙을 가로지르겠다고 나섰다.

1914년 12월 5일, 섀클턴은 스물일곱 대원과 범선 '인듀어런스호'를 타고 사우스조지아섬을 떠나 남극 탐험에 나선다. 그러나 떠난 지 44일 만에 웨들해를 떠도는 얼음에 갇혀 오도 가도 못 하게 되고, 탐험 327일째에 인듀어런스호는 남극해로 가라앉고 만다.

인듀어런스호가 난파한 지점에서 가장 가까운 식량 보급기지까지는 557km. 이틀 동안 꼬박 걸어도 3km를 나아가기 힘들자 섀클턴은 목표를 '남극대륙 가로지르기'에서 '스물여덟 사람이 살아 돌아가기'로 바꾼다. 탐험대는 남극해를 떠다니는 얼음 위에서 살길을 찾는다. 물길이 열리자 구명보트를 타고 모든 대원이 무인도에 내렸으나 구조할 수 있는 손길은 너무 멀리 있었다. 섀클턴은 대원 다섯 사람을 뽑아 죽음을 무릅쓰고 구조해달라고 알리러 떠난다. 구명보트로 1,280km 떨어진 드레이크 해협을 지나고 해발 3,000m 얼음산을 넘어 마침내 처음 떠났던 사우스조지아섬 포경기지에 닿았다. 그리고 조난 634일째 되는 날, 섀클턴은 마침내 대원을 모두 살려냈다.

'어떤 일이 있어도 살아 있는 한 절망하지 않는' 아우름으로 대원들을 이끌고, 대원들은 "지옥 구렁텅이에 빠지더라도 섀클턴과 함께라면 두렵지 않다"며 따랐다. 비록 남극대륙 가로지르기는 해내지 못했지만, 이 일로 섀클턴은 지구별에서 가장 빼어난 탐험자이자 지도자로 솟아올랐다.

1913년 8월 3일, 인듀어런스호가 남극으로 떠나기 한 해 앞서 빌흐잘무르 스테팬슨이 이끄는 캐나다 탐험대가 칼럭호를 타고 북극 탐험에 나섰다. 이 사람들도 섀클턴이 이끈 탐험대처럼 얼음벽에 가로막혀 오도 가도 못 하게 되었다. 스테팬슨 탐험대는 북극에 갇힌 지 몇 달 만에 거짓말과 속임수, 도둑질 따위 극한 상황을 맞은 사람이 보여줄 수 있는 갖가지 밑바닥 정서를 그대로 드러내면서 대원 열한 사람이 모두 끔찍하게 죽었다. 이와는 달리 섀클턴 탐험대는 두 해 남짓한 세월을 남극 얼음벽 사이로 몰아치는 모진 추위 속에서 바다표범을 잡아먹으며 스물여덟 대원이 지옥과 같은 삶을 견뎌냈다. 어떤 대원은 그 안에서도 즐겁다고 일기에 썼을 만큼 이들에겐 서로 물러서며 다독이는 넉넉한 마음이 있었다.

"노래 부를 수 있나요?"

섀클턴이 대원을 뽑으면서 던진 물음이다. 뜬금없는 물음에 어리둥절하는 지원자들에게 섀클턴은 다시 물었다.

"카루소처럼 잘 불러야 한다는 얘기가 아닙니다. 동료들과 더불어 마구 소리 지를 수 있겠지요?"

그제야 마음을 읽은 사람들이 웃어댔다.

"아, 그야 이를 바 있겠습니까!"

어울려 노래하는 그 힘이 얼음에 갇혀 두 해 남짓 옴짝달싹할 수 없었던 대원 스물여덟을 똘똘 뭉치게 했다.

섀클턴을 비롯한 대원들은 탐험 일기를 남겼다. 영하 30℃를 오르내리는 모진 추위 속에서 남긴 일기에는 이런 내용이 있다.

> 섀클턴은 몰래 아침으로 먹을 과자를 내밀며 내게 먹으라고 우겼다. 내가 과자를 받으면 그이는 저녁에도 내게 과자를 줄 것이다. 대체 세상 어느 누가 이처럼 넉넉한 품을 보여줄 수 있을까 떠올려본다. 눈을 감더라도 나는 그 마음을

잊지 못할 것이다.

아문센은 섀클턴을 이렇게 말했다.

나는 섀클턴이 그처럼 보잘것없는 장비로 그와 같은 일을 해낸 것이 무척 놀랍다. 만일 내가 섀클턴과 같은 처지였다면 탐험을 포기하거나 살아 돌아오지 못했을 것이다. 섀클턴이 보여준 용기와 결단 그리고 대원들을 아우르는 리더십은 거룩하다. 경험이 조금만 더 있었더라면 섀클턴은 남극점 정복과 대륙 가로지르기라는 거룩한 업적을 이루고도 남았을 것이다.

세상은 '지난 천 년 동안 으뜸가는 탐험가 열 사람'으로 마르코 폴로, 마젤란과 나란히 섀클턴을 꼽으며 '거룩한 실패자'라 부른다.

결 고운 비행은 끝나지 않았다

로베르토 클레멘테 워커(야구선수)

"사이영상 수상과 월드시리즈 우승, 그러나 내 생애 으뜸 순간은 바로 지금이다."

2005년 로베르토 클레멘테상을 받고 미국 야구선수 존 스몰츠가 던진 소감이다. 스몰츠는 이렇게 덧붙였다.

"선수가 이를 수 있는 가장 으뜸가는 영예다. 많은 이에게 힘을 줄 수 있다는 점에서 이보다 뛰어난 상은 없다."

미국 메이저리그 역사상 '200승-150세이브'를 넘긴 유일한 투수로 팬들에게 사랑을 듬뿍 받았던 스몰츠가 그토록 기뻐했던 데는 그만한 까닭이 있다. 바로 뒷모습이 아름다운 사람에게 주어지는 상이기 때문이다.

로베르토 클레멘테상은 1972년까지는 '커미셔너 어워드'로 시즌 내내 성실히 뛰고 지역사회에 몸 바친 선수에게 주어지는 상이었다. 그런데 1972년 12월 말 지진으로 어려움을 겪는 난민들을 도우려고 중미 니카라과로 가던 로베르토 클레멘테 워커Roberto Clemente Walker(1934~1972년)가 비행기 사고로 세상을 떠난 뒤, 미국 야구협회는 이름을 '로베르토 클레멘테 어워드'로 바꾸었다. 이때부터 로베르토 클레멘테상은 시즌 기록과 관계없이 정을 많이 나눈 선수에게 주고 있다.

로베르토 클레멘테는 피치버그 파이리츠에서 뛰던 푸에르토리코 출신 강타자였다. 통산 타율 3할 1푼 7리, 안타 3천 개, 홈런 240개를 기록하며 18년 동안 네 번이나 타격왕에 오른 실력파로 1966년에는 내셔널리그 MVP, 1971년에는 월드시리즈 MVP를 거머쥐었다. 그런데 클레멘테는 야구장 밖에서 더욱 빛났다.

로베르토 클레멘테는 1934년 푸에르토리코에서 7남매 가운데 막내로 태어났다. 가난한 사탕수수 노동자를 아버지로 둔 까닭에 배를 곯아야 했던 클레멘테는 야구선수로 우뚝 선 뒤 늘 가난한 사람을 보듬었다. 경기가 없는 철에는 아무리 바빠도 어린이 야구 교실을 빠지지 않고 열었고, 어려움에 놓인 남미 사람들에게 끊임없이 손을 내밀었다. '정 나눔'은 클레멘테를 꿰뚫은 뜻으로 야구를 하게 만드는 힘이었다.

1972년 12월, 중앙아메리카에 있는 작은 나라 니카라과에 큰 지진이 일어났다. 클레멘테는 열일 제치고 두 번에 걸쳐 구호품을 보낸다. 그런데 날아든 소식은 뜻밖이었다. 관리들이 클레멘테가 보낸 구호 물품을 가로채 이재민에게 닿지 못했다는 소식이었다. 이번에는 클레멘테가 직접 구호품을 실은 비행기에 올랐다. 그러나 비행기는 얼마 가지 않아 불꽃을 내뿜으면서 바다로 떨어졌다. 클레멘테를 비롯한 모든 주검은 여섯 달 뒤 비행기 조각과 함께 찾아냈다.

사고를 건잡으면서 안타까운 사실이 밝혀졌다. 클레멘테를 태운 작고 낡은 DC-7 수송기에는 실을 수 있는 무게를 훨씬 넘은 구호품이 2톤이나 빼곡히 실려 있었다. 그동안 구호품을 받지 못해 굶주림에 지쳐 있을 사람들을 떠올리며 구호품을 지나치게 많이 실은 나머지 비행기가 무게를 이기지 못해 떨어지고 만 것이다.

뉴욕주는 한 주립공원 이름을 '로베르토 클레멘테 공원'이라 지었다. 마이애미에도 히스패닉이 많이 사는 곳에 클레멘테 공원이 들어섰으며, 미국에서 가장 다리가 많은 피츠버그에 있는 여섯 번째 다리에도 클레멘테라고 이름 붙였다. 고국인 푸에르토리코에도 클레멘테 콜로세움을 비롯해 클레멘테 스포츠시티가 들어서 클레멘테를 기리고 있다. 클레멘테가 달았던 등번호 '21'은 피츠버그 파이리츠팀에서 영구결번으로 했다. 팀 선수들과 피츠버그 사람들은 '21'이라는 숫자를 볼 때마다 클레멘테를 떠올린다. 클레멘테는 이런 말을 남겼다.

> 세상을 바꿀 수 있는데 아무 일도 하지 않는다면, 이 땅에서 주어진 시간을 헛되이 보내는 것이다.

비록 주어진 시간을 다 채우지 못하고 우리 곁을 떠났지만, 클레멘테가 보여준 결 고운 비행은 끝나지 않았다.

칼 립켄 주니어, 커트 실링, 윌리 메이스, 게리 카터, 아지 스미스, 토니 그윈, 알 라이터, 제이미 모이어, 카를로스 델가도……. 모두 로베르토 클레멘테상을 받은 영예로운 얼굴들이다. 이들은 야구선수로서도 뛰어났지만 어려운 이웃을 보듬으려고 세상에 팔을 벌렸다.

2011년 수상자 데이비드 오티즈(보스턴 레드삭스)는 2007년 제 이름을 딴 아동기금을 만들어 조국인 도미니카와 미국에서 아이들이 심장병 수술을 받을 수 있도록 했다.

최연소 수상자인 클레이튼 커쇼(LA 다저스)는 '커쇼 도전Kershaw's Challenge'이라는 단체를 만들어 부인 앨런과 함께 아프리카를 비롯해 도움받아야 할 곳을 찾아 병든 아이들을 돌보는 자선행사를 펼쳐왔다. 특히 잠비아 루사카에 '희망의 집'이라는 고아원을 짓고 질병으로 어려움을 겪는 아이들을 보살폈다.

로베르토 클레멘테 아들인 클레멘테 주니어도 동남아시아에서 일어난 지진과 해일로 어려움을 겪는 난민들에게 기부금과 의약품, 옷을 보내고 남미 지역 구호에도 앞장서 아버지를 이어 날고 있다.

가슴으로 낳은 아이들

한연희(입양아 대모)

어린이날, 어버이날, 스승의 날이 빼곡한 오월을 우리는 가정의 달이라 부른다. 그런데 어버이날과 스승의 날 사이에 자리 잡은 11일이 무슨 날인지 아는 사람은 드물다. 어린이날이나 어버이날, 스승의 날이 이름 붙은 이들을 기리려고 만든 날이라면, 5월 11일 입양의 날은 한 집에 한 아이를 입양하자는 뜻에서 만들어졌다. 입양은 가슴으로 아이를 낳는 일이다. 여기 20여 년 동안 장애 아동 둘을 아울러 7남 2녀를 가슴으로 낳아 키운 장한 어머니, 한연희가 있다. 정부는 이 뜻을 기려 2013년 한연희에게 국민훈장 동백장을 달아줬다.

한연희가 어려서부터 남을 보듬겠다는 큰 꿈을 꾸었던 것은 아니다. 그저 텔레비전에서 우리나라 사람들이 아이를 입양하지 않아 우리 아이들을 얼굴빛도 다른 외국 사람들이 데려간다는 보도를 보면서 부끄러워했을 뿐이다. 그런데 고등학교 3학년 때 아버지가 돌아가셨다. 뭐든지 다 받아줄 것으로 여겼던 아버지가 돌아가시고 나니 하늘이 무너지는 것 같았다. 그 뒤로는 해외입양 아이들을 보면 '재네들은 하늘이 없어 떠나는구나' 싶어 마음이 편치 않았다. 그리고 '내가 엄마가 되어 한 아이만이라도 품어야겠다'고 마음먹었다.

한연희는 청혼하는 남자에게 혼인하면 아이를 하나만 낳고 한 아이는 입양해도 괜찮겠느냐고 물었다. 흔쾌히 좋다는 답을 듣고 혼인했으나, 막상 첫아이를 낳아 기르다 보니 아이를 키우는 일이 마음처럼 쉽지 않았다. 만약 둘째가 생긴다면 입양하기 어렵겠다는 생각에 덜컥 불임수술부터 받았다. 그러나 입양까지는 열 해나 걸렸다. 남편과 시부모님을 설득하기가 쉽지 않았기 때문이다.

큰아들이 열 살 때, 절에서 운영하는 보육원에 갔다가 까무잡잡하고 키도 작아 사람 눈길을 끌지 못해 입양되지 못한 일곱 살짜리 아이를 만났다. 마음이 무거워 데려오자고 하니 남편은 어쩔 줄 몰라 했고, 시아버님도 "아이 생김새가 호감을 주지 못하니 세 살 터울 손자가 다칠지도 모른다"며 펄쩍 뛰었다. 한연희는 이렇게 대거리했다.

"우리 애를 지키려고 데려오지 않는다면 사회에 불만을 품은 그 분노가 누군가에게 해를 끼칠 수도 있는데, 우리 아이가 거기서 빠진다고 어찌 말할 수 있겠어요?"

어렵사리 첫 입양을 이룬 것은 1990년 4월 8일이었다. 한연희는 아이를 입양하면 좋을 줄 알았다. 그러나 아이가 가진 바람과 부부가 가진 바람이 서로 달라 네 해 동안은 생고생하다가 문득 깨달았다.

'아, 사람 힘으로 억지로 되는 일은 아니구나. 내 뜻대로 애를 키우려고 덤빌 게 아니라 본디 이 아이답게 크게 둬야겠구나.'

그래서 아이와 거리를 두고 욕심을 내려놓았더니 기르기가 훨씬 쉬워졌다.

"알고 보니 본디 잘하는 아이인데 제 틀에 맞지 않았던 거죠. 거기서 벗어나니 애도 저도 자유로워졌어요."

이제 잘못을 되풀이하지 않을 수 있겠다는 생각에서 남편에게 더 입양하겠다고 했다. 남편은 "약속은 이미 지켰고, 늘어나는 식구 부양이 부담된다"며 손사래를 쳤다. 그런데 1997년 외환위기가 터지면서 많은 아이가 가정을 잃고 있다는 소식에 한연희는 남편한테 다시 매달렸고, 첫 입양을 한 지 8년 2개월 만에 여섯 달 된 남자아이를 데려왔다.

"저희는 우리가 낳은 애하고 입양한 애는 거리감을 운명처럼 가지고 가야 하는 줄 알았어요. 그런데 두 번째 입양한 아이는 제가 낳은 첫아이보다 더 예쁘더라고요. 부부가 개한테 홀딱 빠졌어요. 그래서 생각을 해봤는데, 첫 번째 입양 때는 저희가 기운 넘치는 30대였고, 이제는 40대로 사는 맛을 알 때였어요. 할머니, 할아버지 버전인지도 모르죠. 생명이 마냥 신기하고 신비롭고……."

그러던 어느 날 뜻하지 않은 일이 일어났다. 1999년 12월, 가정이 없는 두 형제를 본 남편이 먼저 아이들을 데려오자고 했다. 처음이 어렵지 길이 트이니 부부는 입양중독(?)이라 할 만큼 빨려 들어갔다. 2001년 여자아이를 더 받아들이고, 2006년에는 다른 집에 입양 갔다가 되돌아온 지적장애 여자아이를 데려왔다. 2009년 3월에도 역시 다른 집에 갔다가 거기서 살기 어렵게 된 장애아를 보듬고, 그해 12월엔 사내아이 둘을 데려왔다. '우리가 이 세상을 뜰 때 빈손으로 가자'는 마음으로 부부가 받아들인 아이가 어느새 아홉이나 되었다.

그런데 남편이 직장을 잃었다. '앞으로 아이들을 어떻게 먹여 살리나?' 하는 생각에 앞이 캄캄해서 아이들과 머리를 맞댔다. 아이들은 뭐가 문제냐고 했다.

"뭐가 겁이 나요? 우린 뭐든지 할 수 있어요. 만약 우리가 식당을 하면 아이가 많으니까 요리 잘하는 애는 주방에서 일하고,

누구는 주차를 맡고, 누구는 음식을 나를 수 있고……. 식구가 똘똘 뭉치면 뭐든지 할 수 있어요."

그때 한연희는 아이들이 더는 짐이 아니라 울타리 같다는 느낌이 들었다고 한다.

그렇다면 살림 걱정은 없을까?

"늘 적자 인생이죠. 하지만 뭐 어때요? 평생 전세방에 사는 이들도 있고, 어떤 사람은 사업하다가 망해서 월세방에서 살기도 하잖아요. 우리가 있는 힘껏 애써 살다가 죽을 때 빈손으로 가면 좀 어때요? 국민연금도 있고, 조그만 보험이라도 들어 있으니 장례비는 나올 텐데요. 스스로 가난하게 살기로 굳힌 삶이니 부담은 없어요."

한연희는 본디 엄마로 살려고 했지 사회운동을 하려는 마음은 없었다. 그런데 두 아이를 입양하고 두 아이를 더 데려올 즈음, 열세 살 때 미국으로 입양된 스티브 모리슨(한국 이름 최석춘)이 찾아왔다. 모리슨은 보육원에 있는 아이들을 보듬어야 하지 않겠느냐고 했다. 한연희가 망설이자 이렇게 흔들었다.

"당신이 사는 모습을 세상에 보여주기만 해도 여러 사람에게 본보기가 될 수 있습니다. 그러니 당신이 뭘 하려고 하지 않아도 됩니다. 당신처럼 사는 사람들을 더 찾아서 사는 모습만 보여줘도 사회는 바뀔 수 있습니다."

그렇게 한국입양홍보회 불씨가 당겨졌다. 이름이 한국입양협회가 아니라 한국입양홍보회인 까닭은 입양을 널리 알리려는 마음 때문이다.

한연희가 품은 꿈은 국내 입양에만 머무르지 않는다. 50년이 넘도록 해외입양을 보냈으니 품앗이 삼아서라도 이제 다른 나라 아이들도 품어야 할 때라고 말한다.

"그런 마음 문을 열 수 있다면 아이들이 모두 행복한 세상이 되지 않을까 싶어요. 해외입양 하면 흔히 해외에서 아이들이 오고 가는 일만 떠올리는데, 실제로는 그렇지 않아요. 우리나라에 이주노동자들이 많잖아요? 이주노동자들에게서도 사생아나 미혼모 아이들이 태어나는데 보살핌을 받지 못하고 있습니다. 이 아이들을 입양하려면 해외입양을 체결해야 해요."

기업이 곧 사람이다

유일한(기업인, 교육자, 사회사업가)

"내가 모은 재산은 모두 여러 사람을 위하는 일에 쓰여야 합니다."

그러면서 아들에게는 재산을 하나도 물려주지 않은 회사 대표가 있다. 유한양행을 세운 유일한(1895~1971년)이다. 1971년 3월 11일, 77세를 일기로 흙으로 돌아가면서 유일한 박사가 마지막으로 남긴 말은 다음과 같다.

첫째, 손녀 유일림에게는 대학 졸업 때까지 학자금으로 1만 달러를 준다.

둘째, 딸 유재라에게는 유한공고 안에 있는 묘소와 둘레 땅 5천 평을 준다. 그 땅을 유한동산으로 꾸며 울타리 치지 말고 유한 중·공업고교 학생들이 마음대로 드나들게 해 티 없이 맑은 어린 학생들의 정신에 깃든 젊은 의지를 지하에서나마 더불어 느끼게 해주기 바란다.

셋째, 내 소유 주식 14만 941주를 모두 '한국 사회 및 교육 원조신탁기금(유한재단)'에 기증한다.

넷째, 아내 호미리는 재라가 노후를 잘 돌보아주기 바란다.

다섯째, 아들 유일선은 대학까지 졸업시켰으니 앞으로는 자립해서 살아가라.

"바람 앞에 등불인 조선보다 너른 세상에 나아가 배워 큰 뜻을 펴라"고 한 아버지 말씀에 따라 1904년, 아홉 살 소년 유일한은 미국 가는 배에 오른다. 미국에서 구두닦이, 식당 종업원, 신문 배달을 하며 고등학교를 나온 뒤 보따리장사와 사업으로 학비를 벌어 대학을 마친다. 그리고 서재필 박사를 찾아가 한국으로 돌아가 일본 압제 아래 기아와 질병에 시달리는 겨레를 보듬으려고 제약산업을 일으켜 건강 입국을 이루겠다는 뜻을 밝힌다. 서재필 박사는 이때 이렇게 북돋웠다.

"어떤 일이 있어도 한국인임을 잊지 말고, 버드나무처럼 겨레가 편히 쉴 수 있는 큰 그늘이 돼주게."

1934년 어느 날 밤, 유한양행 숙직사원 홍병규는 해주 도립병원에서 맹장 수술을 하는데 프랑스제 혈청 주사약이 없어 환자가 죽어간다는 연락을 받았다. '숙직자는 창고를 함부로 열어서는 안 된다'는 규칙을 어기고 홍병규는 혈청 주사제를 꺼내 약병을 두껍게 싸서 서울역으로 달려갔다. 그리고 경의선 기관사에게 해주 도립병원이 있는 토성역을 지날 때 던져달라고 부탁했다. 간이역에는 열차가 설 수 없었기 때문이다.

목숨을 살리는 결단을 내린 이 힘은 어디서 왔을까? 유한양행 창업 정신에서 비롯했다.

우리는 국민 보건에 힘써야 한다. 유한은 사회를 위해서 있다.

한국전쟁을 어렵사리 넘기고 휴전협정 회담이 이어질 무렵, 유일한은 주식 30%를 내놓아 기술학교를 세웠다. 1962년 기업을 공개하자마자 사회사업과 육영사업에 더욱 힘을 쏟았다. 유일한은 한국아동양호회, 광주행복원(허약아동보호소), 이화여자대학교, 연세대학교, 무의탁 장병 위문처럼 도움을 바라는 곳에 선뜻 재산을 내놓았다. 유일한은 1963년 주식 1만 2천 주를 연세대학교에, 5천 주를 보건장학회에 내놓았다. 그리고 주식 1만 5천 주와 땅 5천 평, 건축비 700만 원을 들여 유한공업고등학교

문을 연다. 교훈은 '참된 인간·기술 연마·사회봉사'였다. 유한공고는 일찍이 한 주에 닷새만 등교하게 해 학생들이 주말에는 집안일을 돕거나 사회봉사를 나가게 했다.

출입국신고서 직업란에 꼭 '교육자'라고 쓴 유일한은 1970년 가진 주식 8만 3천여 주를 내놓아 '한국사회 및 교육원조신탁기금'을 세웠다.

"불이 났을 때 소방서에 불을 꺼달라는 요구가 권리라면, 소방차 살 돈을 내는 일이 바로 납세의무"라고 늘 애기했던 유일한은 기업을 맑게 경영하고 정직하게 세금을 냈다. 자유당 정권과 5·16 군사정권이 모두 정치자금을 달라고 했으나 그때마다 거절했고, 곧바로 강도 높은 세무조사가 이어졌다. 세무사찰 요원들은 깨끗한 유한양행 장부 앞에서 할 말을 잃었지만, 회계조작도 없이 제품 함량을 속이지 않고는 그만한 이윤을 낼 수 없을 것이라 여기고는 과학기술처에 제품 함량 분석을 요구했다. 돌아온 답은 투명한 회계 못지않게 제품도 우수하다는 것이었다. 정부는 1968년 3월 '세금의 날'에 유일한에게 동탑산업훈장을 걸어주었다.

어느 날, 유일한은 가까이서 받쳐주던 조권순 앞에 우체국 소인이 찍힌 편지봉투를 내밀었다. 조권순이 보낸 편지였다.

조권순이 어리둥절해하며 물었다.

"뭐가 잘못되었나요?"

"모르겠어? 우리나라에 50원짜리 우표가 없나?"

"있지요."

"그런데 왜 10원짜리 우표를 다섯 장 붙였느냐는 말이야. 무엇 때문에 소인을 여러 번 찍게 만들어? 그것도 국력 낭비 아니야? 붙이는 힘도 더 들었을 텐데."

사람 됨됨이를 보여주는 대목이다.

1973년, 유한양행은 "사람이 기업을 만들고, 기업이 곧 사람"이라는 뜻을 받들어 우리나라 기업으로는 처음으로 종업원지주제를 받아들였다. 1998년과 2002년에 걸쳐 우리나라 상장회사로는 가장 먼저 모든 직원에게 주식선택권을 주었다. 유한재단과 유한학원 주식 23%를 합쳐 공익법인 주식이 40%나 되는 유한양행은 높은 배당으로 사회 공익 활동을 지원하고 있다.

실명에 맞서 빛을 선물하는 '닥터 V'

고빈다파 벤카타스와미(안과의사)

인도 남부 타밀나두주 작은 도시 마두라이에 세계에서 가장 큰 안과병원, 아라빈드 안과병원이 있다. 아라빈드는 1976년 쉰여덟 살 나이로 은퇴한 의사 고빈다파 벤카타스와미Govindappa Venkataswamy가 하버드대학에서 안과 교수로 있던 여동생 낫치아르와 손잡고 어려운 사람들에게 시력을 되찾아주려고 문을 연 자그마한 병원이었다. 동생과 함께 사는 집에 침상 11개를 놓고 시작한 이 병원은 처음 이태 동안은 둘레 도움으로 운영되었다. 그러나 도움을 받지 않고 운영하려고 1층에 유료 병원을 열었고, 거기서 돈을 벌어들여 나머지 5개 층 환자들에게는 병원비를 받지 않았다.

그 자그마한 병원이 세계에서 가장 효율 높고 백내장 환자를 가장 많이 수술하는 커다란 병원이 되었다. 놀라운 일은 병원비를 내는 환자는 35%이고, 그나마 다른 병원과 견줄 수 없을 만큼 엄청나게 싸다는 것이다. 나머지 65%에 이르는 환자들은 거저 치료하거나 원가에도 못 미치는 치료비만 받는다.

아라빈드 안과병원은 처음부터 철저히 절약 경영을 하고 10시간씩 근무하며 아라빈드 철학과 기틀을 만들었다. 가장 중요한 가치로는 비용 절감과 표준화를 꼽는다. 군더더기를 걷어내 다른 병원에 견줄 수 없을 만큼 적은 20% 남짓한 돈으로 운영하지만, 렌즈를 비롯한 핵심 부품이나 도구는 으뜸가는 것만 쓴다. 놀랍게도 여느 병원에서는 의사 한 사람이 한 해에 백내장 환자를 이백오십에서 사백 사람쯤 수술하는데 아라빈드에서는 이천 사람이나 수술한다. 어떻게 이럴 수 있을까?

인공수정체를 써야 하는 백내장 수술에 드는 돈은 100달러로 당시 한 사람당 국민소득이 430달러(OECD 1980년 기준)였던 인도에서는 수술비를 낼 수 있는 사람이 50%도 채 되지 않았다. 고빈다파 벤카타스와미는 미국 여행길에 맥도널드 공정을 보고는 의료서비스에도 맥도널드처럼 대량생산 시스템을 받아들여 원가를 낮추면 어려운 이웃을 더 많이 보듬을 수 있을 것으로 내다봤다. 병실과 병상에는 값싼 자재를 쓰고, 수술실에는 수술대 두세 대에 의사 한 사람, 간호사 네 사람이 환자

두세 사람을 맡게 했다. 수술대 사이에는 360도 돌아가는 커다란 현미경이 놓여 있어 의사는 환자 한 사람을 수술한 뒤 곧바로 현미경을 돌려 다음 환자를 수술한다. 또 의사가 중요한 부분, 이를테면 인공수정체를 바꾸고 나면 간호사들에게 그리 어렵지 않은 수술을 이어서 하게 해 수술 시간을 줄이면서도 수준 높은 치료를 이어가는 백내장 대량수술 시스템을 갖췄다.

이것이 놀라워서일까? 사람들은 고빈다파 벤카타스와미를 첩보영화 〈007〉에 나오는 인물처럼 '닥터 브이V'라 부른다.

한 걸음 더 나아가 인공수정체를 품질은 높으면서도 값은 낮은 것으로 바꿨다. 데이비드 그린David Green이 미국 아쇼카재단 지원을 받아 1992년 세운 '오로랩Aurolab'이 한 벌에 150달러 하던 인공수정체 값을 10달러로 낮춰주어 미국에서 1천800달러에 이르는 백내장 수술 비용을 18달러로 낮출 수 있었다.

아라빈드는 30년 동안 이천이백만 사람에게 밝은 세상을 안겨주었다. 이 가운데 60%는 형편이 몹시 어려운 사람들이었다. 2006년에는 백내장 수술을 받아야 하는 칠백만 사람 가운데 살림이 어려워 수술받을 엄두조차 내지 못했던 삼백만 사람이 빛을 보았다. 이렇게 병원 문턱을 낮추려고 흘린 땀도 적지 않았다. 형편이 어려운 사람들은 거의 대중교통이 미치지 못하는 곳에 사는 데다 해야 할 일이 적지 않기 때문에 수술비가 싸도 병원을 찾을 엄두를 내지 못했다. 그래서 아라빈드는 이동병원을 꾸려 이런 환자들을 찾아 나섰다.

아라빈드 그룹은 안과병원을 다섯 군데나 운영하며 해마다 백오십만이 넘는 환자를 진료하고 20만 건이나 수술하고 있다. 환자 47%에게는 돈을 받지 않고, 18%에게는 원가보다 싸게 받는다. 이렇게 35% 환자가 낸 돈으로만 살림을 꾸려가는 아라빈드 영업이익은 2006년 무려 5억 루피(490만 달러)에 이르렀다. 놀라운 점은 병원에 오는 어느 환자에게도 소득을 증명하라는 요구를 하지 않는다는 것이다.

닥터 V는 말한다.

"다른 사람이 하는 일을 살피는 것은 제 몫이 아닙니다. 제가 할 일은 시력을 되찾아주는 것입니다."

세계보건기구WHO는 아라빈드 안과병원을 '실명에 맞서 밝음을 찾아주는 본보기 병원'이라고 추켜세운다. 캄보디아와 네팔, 이집트, 말라위에 아라빈드를 따르는 병원이 잇따라 문을 열고 있다.

우리는 우리 한계를 잊고 신이 바라는 쪽으로 일하려고 애

쓰며, 실없이 겉으로 드러난 헛된 모습에 매이지 않고 더 높은 수준에서 오는 믿음으로 일한다. 지식과 능력만으로는 넉넉지 않다. 무언가를 좋게 만드는 즐거움이 반드시 있어야 한다.

2006년 세상을 떠난 닥터 V가 남긴 철학이다.

나눔 바이러스를 퍼뜨리는 로커

보노(록그룹 U2 리더)

> 날마다 구백 명이 넘는 아기들이 후천면역결핍증AIDS에 걸린 채 태어나는데, 2015년까지 에이즈에 걸려 태어나는 아기가 없는 세상을 이루자!

아일랜드 록그룹 U2를 아우르는 보노Bono는 2006년 사회운동가 바비 슈라이버Bobby Shriver와 손잡고 에이즈 환자를 보듬는 새로운 코즈 마케팅 '프로덕트 레드'를 빚었다. 프로덕트 레드 캠페인은 프로덕트 레드와 어울린 빨간 상품이 팔리면 1%를 에이즈 치료 기금으로 내놓는다. 이 캠페인에는 애플, 마이크로소프트, 모토로라, 델, 갭, 엠포리오 아르마니, 컨버스, 아메리칸 익스프레스, 스타벅스처럼 널리 알려진 기업이 함께한다.

어째서 빨강일까? 멀리서도 눈길을 끌어 회사나 학교에서 한 사람만 레드 캠페인에 함께해도 손쉽게 알아볼 수 있는 빨강. 보노는 아프리카에서 질병이 늘어나고 있다는 경계심을 드러내려 했다고 털어놓는다.

프로덕트 레드보다 앞서 자선 바자회를 열어 수익을 어려운 이웃에게 돌리는 잔치는 헤아릴 수 없을 만큼 많다. 그때마다 사람들은 제품이 지닌 매력보다는 좋은 일을 하려는 마음에서 지갑을 열었다. 그러나 프로덕트 레드는 이미 인기를 누리는 상품에 빨강을 덧입히기 때문에 좋은 일을 하려고 애써 쓸모없는 물건을 사야 하는 부담 없이 빨간 빛깔을 고르면 되므로 한결 가볍다. 놀라운 일은 그 뜻을 헤아려 사는 손님보다 빨강이 예뻐서 사는 사람 수가 더 많아 저도 모르는 착한 소비가 새로 일어난다는 점이다.

아일랜드 록그룹 U2는 1985년 7월 에티오피아 기아 문제 해결 기금을 마련하려고 세계 곳곳에서 콘서트를 여는 '쥬크박스' 라이브 에이드에 함께한다. 콘서트를 마치고도 오래도록 에티오피아 사람들이 눈에 밟혀 잠을 이루지 못하던 보노는 서둘러 아프리카로 날아간다. 아내와 함께 한 달 넘게 에티오피아 급식소에서 고아를 돌보던 보노에게 한 남자가 다가와 말했다.

"제발, 제 아들을 데려가주세요. 그대가 데려가면 이 아이는 살 수 있을 테니까요."

어쩔 수 없는 무기력함에 맥이 빠져 돌아오는 비행기 안에서 보노는 아내 손을 꼭 잡고 '아프리카를 잊지 말자'고 다짐한다.

새천년에 들어서면서 보노는 빌 클린턴 미국 대통령, 토니 블레어 영국 총리와 같은 선진국 정재계·종교 지도자들과 만나 아프리카를 비롯한 52개 가난한 나라가 지고 있는 빚 3천500억 달러를 덜어줘야 한다고 흔들었다. 2002년에는 아프리카 나랏빚과 에이즈, 무역 불균형 문제를 풀려고 'DATA(Debt, AIDS, Trade in Africa)'를 바비 슈라이버와 손잡고 출범시켰다. 미국 시사주간지 〈타임〉은 2002년 3월, "보노가 세상을 건질 수 있을까?"라는 제목으로 보노를 표지 인물로 다뤘다.

같은 해에 보노는 CNN 인터뷰에서 이렇게 외쳤다.

"내년에도 이백오십만이나 되는 아프리카 사람들이 말도 안 되는 까닭으로 에이즈 약을 얻지 못해 죽어가야 합니다. 달나라에도 사람을 보내는 세상에서 에이즈 약을 보내는 일은 그리도 어렵단 말인가요?"

또 2005년, G8 정상회의에서는 "아프리카 나라들이 오래된 빚을 갚기보다는 건강이나 교육, 사회기반시설을 만드는 데 써야 하지 않겠느냐?"고 하소연해 에이즈 환자들이 치료받게 했다. 보노는 바로 미국으로 가서 조지 W. 부시 대통령과 국가안

보보좌관 콘돌리자 라이스를 만나 미국이 에이즈 치료에 오백만 달러를 쓰게 해 이십만이나 되는 목숨을 건졌다.

〈타임〉은 보노를 2005년 올해 인물로 뽑았다. 세 차례나 노벨평화상 후보에 오르고, 프랑스 레지옹도뇌르훈장과 영국 기사작위를 받은 보노는 2010년에는 '인도주의 지도자상'을 받았다.

> 빚을 줄여주어 아프리카에서 사천만이나 되는 아이들이 학교에 다닐 수 있게 되었다. 한때는 하루 두 알이면 되는 약을 살 돈이 없어 날마다 오천 사람씩 죽어가기도 했다. 그러나 이젠 삼백만이 넘는 사람들이 에이즈 치료를 받고 있다.

보노는 오늘도 세계 곳곳을 다니며 이렇게 외치고 있다.

빌 게이츠, 스티븐 스필버그와 오프라 윈프리, 스칼렛 요한슨, 레이디 가가 같은 이들이 발 벗고 나서고, 기업이 앞다퉈 어깨동무하는 프로덕트 레드. 이제까지 천만에 가까운 아프리카 사람들을 살렸다.

제 앞가림하기, 클램 프로젝트

이진영(디자이너)

'아프리카 심장'이라 불리는 남아프리카 말라위는 한 집이 벌어들이는 돈이 하루 3달러가 채 되지 않는다. 나라 살림 절반은 해외 원조에 기대는데, 그 원조가 힘 있는 사람 배만 불릴 뿐 대다수에게는 그림 속 떡이란다.

2013년, SBS는 디자이너 이진영에게 일요 특선다큐 희망티비 '인간을 위한 디자인'에 함께해달라고 했다. 누구를 보듬으려고 생각해본 적 없던 이진영이지만 좋은 뜻이기에 흔쾌히 함께하기로 했다. 그렇게 찾아간 말라위 차세타 마을은 메마르기 그지없었다. 이진영이 차세타에서 묵은 집에는 어려서 아버지를 잃고 어머니는 에이즈 환자여서 동생 저스티스를 거느린 소년 가장 클래멘티가 살고 있었다. 클래멘티가 물 긷고 나무하기를 하루 서너 차례 하고 나면 해가 저물었다.

이진영은 '아이들이 먼 데까지 가서 물을 길어오거나 나무하는 일로 하루를 다 쓰게 하지 않으려면 무엇을 어떻게 해줘야 하나?' 궁리하다가 '지게'를 떠올리고는 마을 목수에게 나뭇가지를 엮어 지게를 만들게 했다. 그러고 나니 숲을 헤집고 다녀 찢기고 짓무르고 곪아 터진 아이들 발이 떠올랐다. 신발 한두 켤레를 사준다 해도 다 닳고 나면 도로 맨발이 될 테니 신발을 만들어 신게 해야 하겠다고 생각했다.

'커피 자루를 몸체로 삼고 버려진 타이어를 밑창 삼아 신발을 만들어 신겨야겠어.'

이렇게 생각한 이진영. A4 용지 두 장을 이어 붙여 이리 오리고 저리 접어 신발 몸통 모형을 만들고 버리기를 백여 번, 수도 없이 종이를 접으면서 밤을 하얗게 새운 끝에 마침내 도면이 나왔다.

이튿날, 마을 사람들과 함께 신발을 만들었다. 남달리 열심히 만들던 윌리엄이라는 아이가 물었다.

"어떻게 하면 잘살 수 있나요?"

더 나아지고 싶어 하는 뜨거운 눈빛을 바라보며 이진영은 말했다.

"우리나라는 오래전에 전쟁을 겪어 온 나라가 잿더미가 되어 굶기를 밥 먹듯이 했단다. 그렇지만 맨주먹으로 일어섰지. 그러니 너도 이 도안으로 식구들이 신을 신발을 만들면서 솜씨를 갈닦아서 신발을 만들어 팔아 집안을 일으켜보렴."

서울로 돌아온 이진영은 신발 만드는 방법과 도면을 다듬고 또 다듬었다. 소년 가장 클래멘티를 떠올리며 '클램KLEM 프로젝트'라는 이름도 지었다. 한 달 뒤 다시 말라위를 찾아가 잘 정리된 도면으로 가르치자 반응은 몹시 뜨거웠다. 그러나 끊임없이 자극을 주지 않으면 이어지기가 힘들겠다는 데 생각이 미쳤다. 마침 그곳에 여성 생리대 만들기를 가르치는 우리나라 비영리 단체 지사가 있었다. 이진영은 이 사람들에게 생리대 만들기를 가르칠 때 신발 만들기도 함께 가르쳐달라고 부탁하고는 자료를 모두 넘겨주었다.

그 뒤, 전문가 도움으로 사업계획서를 완성해 클램 프로젝트 기틀을 세웠다. 두루 나누려는 생각에 고스란히 해외 블로그에 올렸더니 울림이 컸다. 노스캐롤라이나주 뉴베른에 사는 '미츠'라는 이가 연락을 해와서 도안을 보냈더니 그대로 만들어보고는, 캘리포니아대학교 학생들과 더불어 유니세프 지원을 받아 클램 프로젝트를 펼쳤다. 또 타이완 타이베이시에 있는 의과대학 의료봉사단이 스와질란드로 봉사활동을 떠나며 클램 프로젝트도 함께 알리겠다고 했다.

> 넓디넓은 누리, 먼지처럼 보이지도 않는 제가 한 일을 보고 세계 곳곳에서 반응해요. 클램 프로젝트라는 이 작은 날갯짓이 물에 떨어진 잉크 방울처럼 퍼져 나가는 것을 보며 정말 기뻤어요.

프랑스에서 생물학을 전공하는 대학원생이 제가 기르는 생물 소재를 클램 프로젝트에 쓰고 싶다고 하기도 하고, 미국에 있는 지역 방송국에서는 생방송으로 알리기도 한다. 신발 만들기로 문을 연 클램 프로젝트는 어울려 빚어가겠다는 뜻이 밑돌이 되어 교육과 서비스로 점점 품을 넓히고 있다.

흔히 적정기술이라 부르는 '살림기술'은 스스로 제 앞가림하게 돕는 기술이다. 우리에게는 본디 무엇을 만들어 쓰고는 했지 사서 쓴다는 생각이 없었다. 모두 손발을 놀려서 만들거나 가꾼 것만을 쓰고 먹으며 살았다. 몸 '놀리다'에서 '놀이'가, 입 '놀리다'에서 노래가 나왔다. 곰곰이 헤아려보면 일과 놀이가 떨어진 것은 산업사회를 맞으면서부터다. 무엇이든 사서 쓰는 데서 벗어나 만들어 쓰기로 살림 결을 돌려야 한다.

신호등 없는 네거리

한스 몬더만(교통공학자)

신호등과 교통표지판, 차선은 말할 것도 없이 차도와 인도를 가르는 턱도 모두 없앤 네거리가 있다. 네덜란드 드라흐텐시에 있는 리바이플라인 네거리 이야기다. 규칙은 딱 하나, 우측통행이다. 건널목은 있으나 어느 곳으로 다녀도 된다. 길은 자동차만이 아니라 걷는 사람, 자전거를 모는 사람이 함께 쓰는 곳이어야 한다는 생각이 빚어낸 열매이다.

사람들은 처음엔 어지러워했다. 그러나 이내 네거리에 들어서는 걷는 이와 자동차 운전하는 이, 자전거 모는 사람이 모두 주의 깊어졌다. 그동안 자동차와 사람이 따로따로였으나 이제부터는 차를 모는 사람과 걷는 사람이 눈빛을 나누고 손짓을 주고받으면서 차차 안정을 찾았고, 하루 수천이 넘는 사람과 이만 이천 대나 되는 차가 별 탈 없이 드나든다. 자전거를 타고 교차로를 건너던 한 부인은 "더 안전해졌는지는 잘 모르겠지만, 더 조심하고 서로에게 마음을 쓰게 된 건 틀림없다"고 했다.

리바이플라인 네거리는 본디 네모꼴 교차로였다. 2003년 둥근 로터리로 바꾸고 가운데를 좀 돋우고 신호체계를 다 없앤 결과는 놀라웠다. 바꾸기 전 9년(1994~2002년)과 바꾼 뒤 2년(2004~2005년)을 견주니 교통사고는 한 해 평균 여덟 건에서 한 해에 한 건으로 줄었고, 사람이 다친 일은 일곱 해 동안 열일곱 건에서 이태 동안 한 건으로 줄었다. 신호대기 시간이 사라지니 버스가 교차로를 지나는 시간이 절반으로 줄어들었다. 어떻게 된 일일까? 신호만 보고 달리던 자동차들이 걷는 사람들을 보기 시작했고, 걷는 사람들도 둘레 교통 흐름에 마음을 썼기 때문이다.

이 네거리 실험을 한 한스 몬더만Hans Monderman(1945~2008년)은 1978~2002년 네덜란드 북부 3개 주 교통조사원 출신 기술자였다. 몬더만은 1970년대에 일어난 교통사고를 살피면서 사고가 대부분 잘못된 교통체계 때문에 일어난다는 것을 깨달았다.

"길은 우리에게 많은 이야기를 들려줍니다. 그 이야기를 귀담아들으면 얼마나 많은 것이 잘못되어 있는지 알 수 있습니다."

신호등 없는 거리는 걷는 사람, 운전하는 사람, 자전거를 모는 사람이 똑같이 나눠 쓰는 광장처럼 만들어 공공성을 높이는 '공유공간Shared Space' 철학에서 나왔다. 공유공간은 몬더만이 생각해낸 새로운 도시 디자인과 교통 설계 개념이다. 몬더만은 사람과 기계를 따로 떼어놓고 생각하는 사고방식에 문제가 있다는 것을 깨달았다. 문제는 '적은' 교류와 '많은' 명령이라는 잘못된 체계에서 비롯했다.

몬더만은 교통체계를 세우는 예산이 모자라는 작은 마을 길에서 자동차 속도를 낮추는 일을 한 적이 있었다. 이때 오래된 사고에서 벗어나 직관에 따라 새롭고 다른 차원으로 다가가기로 마음먹고 복잡한 길이 더 안전하다는 생각을 적용하기로 했다. 첫 실험은 1978년 프리슬란트주에 있는 작은 마을 우데하스케에서 이루어졌다. 다들 '미쳤다'고 손가락질했지만, 길은 모두에게 안전해졌다. 그 뒤 네덜란드 곳곳에 백 군데가 넘는 공유공간을 설계했다. 리바이플라인은 이 개념을 작은 마을이 아니라 도심에 적용한 첫걸음이었다.

2008년 1월 14일 한스 몬더만이 암으로 죽고 일주일이 지났을 때, 〈신호등 폐해 바로보기〉라는 프로그램이 BBC 채널2에서 방송되었다. 하이라이트는 북적거리는 런던 시내 네거리를 보통 때와 정전으로 신호등이 고장 났을 때를 견주어 보여준 부분이었다. 택시 기사들이 한 인터뷰 내용이 나왔다.

“신호등이 고장 나니 더 좋아졌어요. 그냥 없애도 되지 않을까요?”

“신호등이 꺼져 있으니 오히려 교통체증이 줄어들었습니다. 흐름이 빨라졌어요.”

한스 몬더만과 함께 드라흐텐 리바이플라인을 설계했던 영국 도시설계사 벤 해밀턴 베일리는 어린이 주의 표지판보다 실제로 길에 어린이가 ‘있을’ 때 운전자들이 더욱 주의를 기울인다는 사실을 알아냈다. 70%나 되는 운전자들이 교통표지판을 무시하지만, 둘레에 사람이 있으면 바짝 긴장한다는 것이다. 사람과 자동차가 함께 있으면 운전자가 안전표지판이 있을 때보다 더 긴장을 늦추지 않는다는 말이다.

벤 해밀턴 베일리는 이렇게 말한다.

“사물 움직임과 관련해 가장 잘못된 점은 이치에 맞는다고 믿는 체계 대부분이 ‘이럴 것’이라는 가정 아래 만들어졌다는 데 있다. 먼저 살핀 뒤에 설계했더라면 이렇게 많은 것을 만들어내지 않았을 것이다.”

또 사물이 무질서한 듯 보이지만 매우 자연스러운 질서를 갖추고 있다면서 그 보기로 스케이트장을 꼽는다. 복잡한 스케이트장에서 어떤 사람은 가장자리를 돌고, 또 어떤 이는 가운데서 스핀과 점프를 뽐낸다. 전문가와 초보자도 뒤섞이고 뒤로 가는 사람도 있는 데다 저마다 속도가 다르다. 이따금 흐름을 방해하는 사람이 있지만, 들고나는 모양이 마치 하늘을 나는 새무리와 닮은 얼음판에서 큰 사고는 일어나지 않는다.

베일리는 이렇게 힘주어 말한다.

"안내판, 차선, 표지판, 신호등, 분리대, 도로 중앙 안전지대 따위 모든 장치를 없애는 순간, 사람들은 길을 걷고 있다고 느낄 것이다. 공간을 함께 쓰면서 서로 물러서고 충돌을 피하며, 아울러 둘레와 어울려 흐르려고 더듬이를 곤두세울 것이다. 사람은 공중에 매달린 신호등에 반응하는 로봇이 아니라 몸과 마음을 쓰는 지성을 갖췄음을 놓치지 말아야 한다."

네덜란드 북부에서 시작된 공유공간은 전 세계로 퍼지고 있다. 유럽이 가장 앞서 있고, 미국과 캐나다, 남미, 호주, 뉴질랜드, 일본도 받아들이고 있다. EU는 2004~2008년 네덜란드, 독일, 덴마크, 벨기에, 영국 지자체가 머리를 맞대고 공유공간 프로젝트를 풀어 나갔다. 이 프로젝트에 따라 2007년 독일 봄테시는 신호등과 교통법규, 차도와 인도를 가르는 턱을 모두 없애고 자전거 길을 선으로만 갈랐다. 안전대책이라고는 아스팔트를 걷어내고 자갈을 깔아 자동차 속도를 줄인 것뿐이었다. 처음에 혼란이 없지 않았지만 금세 잦아들었다. 걷는 사람과 운전하는 사람이 서로에게 더욱 주의를 기울였기 때문이다. 독일뿐 아니라 이 사업에 함께한 나라들은 모두 더 안전해지고 교통 흐름이 좋아졌다고 평가했다.

랠프 월도 에머슨Ralph Waldo Emerson이 남긴 말이 떠오른다.

> 이웃을 믿어라.
>
> 그러면 이웃이 나를 믿을 것이다.
>
> 이웃을 거룩하게 여겨라.
>
> 그러면 이웃은 거룩함을 보여줄 것이다.

3
Chapter

짚다

결 고운 친일파

김남식(교육자)

일제강점기 교사였기에 "나는 겨레 반역자"라 뉘우치며 서울 회기동에서 늘 쓰레기를 줍던 할아버지가 있었다. 서울 청량초등학교(옛 청량국민학교)에서 평교사로 정년퇴임을 한 김남식 선생이다. 선생은 퇴임사에서 이런 말씀을 남겼다.

> 저는 민족 반역자입니다. 저는 일제시대 때 우리 한글을 말하지 말라고 아이들한테 가르치고, 일본 전쟁에 나가라고 했습니다. 제가 그러고도 이제까지 교단에 설 수 있었던 것은 분명 잘못된 일이었습니다. 해방 직후 반민족 처벌이 있었다면 저는 분명 벌을 받아 마땅한 사람이었습니다. 비록 저는 이런 부끄러운 삶을 살았으나 여러분은 자랑스러운 교사로서 살아가기를 바랍니다.

김남식은 〈한겨레21〉 2006년 2월 28일자 기사에서 이런 말도 했다.

> 왜정 때 학생들에게 일본말 쓰기를 시킨 것에 벌을 받는 뜻으로 청소를 이어나가고 있다. 1939년 초등학교에 첫 발령을 받았는데, 일주일에 한 시간짜리 조선어 수업 말고는 우리말을 쓰지 못하게 했다. 주번 교사는 아침마다 주번 네 아이에게 '국어 상용'이라고 쓰인 손바닥만 한 패를 줬다. 주번은 우리말을 쓰는 아이가 눈에 띄면 그 패를 건넸다. 운동장 구석에서라도 우리말을 쓰면 그 패를 받아야 한다. 그 패를 받은 아이가 수업을 마치고 집으로 돌아갈 때까지 다른 아이에게 패를 넘기지 못하면 교무실에 그 패를 들고 가야 한다. 늦게나마 '내가 교사로서 참 나쁜 짓을 했구나, 민족 반역자였구나' 하는 생각을 했다.

3·1만세운동이 터졌던 1919년, 진흥왕순수비가 있는 함경남도 이원군 동면 청동리에서 태어난 김남식은 동무들하고 진흥왕순수비를 만져보기도 했단다. 차호 공립보통학교를 나오고 함흥영생 고등보통학교를 나와 교원자격시험을 치르고 교단에 섰다. 북녘에서는 장진군 창평 학교를 비롯해 세 군데 학교에서

가르치다가 해방이 되고 나서 남녘으로 내려왔다.

김남식을 인터뷰했던 권은정에 따르면, 근무했던 학교 이름을 말할 때마다 "그때는 국민학교, 지금은 초등학교"라는 말을 일일이 달았다고 한다. 국민학교라고 하지 말고 초등학교라고 하자는 운동을 이끌어 기어이 바꿔낸 김남식.

흥사단 모임에서 함석헌 선생이 "국민학교란 이름은 고쳐야 할 부끄러운 이름"이라고 한 말씀을 놓치지 않고, 거기서 만난 몇몇이 우리 힘으로 고쳐야겠다는 생각을 내어 뜻을 모은 것은 1991년 가을이었다. 먼저 전교조를 찾아가 두 차례나 제안했으나 뜻을 이루지 못했다. 오히려 '국민교육'이란 게 좋은 것 아니냐는 반응도 있었다. 하는 수 없이 1993년 봄부터 국민학교 이름 바꾸기 국회 청원 서명운동을 했다. 처음 모인 사람은 단 네 사람, 가망이 없어 보였다. 그러나 김남식은 되고 안 되고를 따지지 말자고 했다. 그해 6월 26일, 〈한겨레〉에 첫 보도가 나고, 오천일백팔십일 사람 이름으로 같은 해 10월 26일 국회에 청원했다.

"사실 일본 사람들도 그전에 우리 보통학교라는 뜻으로 '심상소학교'라는 이름을 썼더랬지요. 그런데 군국주의자들이 주동이 되어서 황국신민을 기르는 교육기관이 돼야 일본 세력이 커갈 수 있다면서 1940년대에 그렇게 고쳤어요. 일본 천황에게 목숨을 바쳐야 한다는 데서 나온 이름이니 이 얼마나 부끄러운 이름입니까? 그 뒤 일본도 부끄러운 이름이라며 바꿨는데, 정작 우리는 오십 해가 넘도록 못 바꾸고 있었던 거지요. 일제 잔재가 아니라 뿌리를 그대로 쓰고 있었던 것입니다."

당신은 교육자로 온 삶을 '국민학교'에서 보내야 했으나 후진들에게는 그런 불명예를 물려받게 할 수 없다는 데 뜻을 뒀다는 말씀이다.

김남식과 같이 국민학교를 초등학교로 바꾸는 운동을 했던 이치석은 펴낸 책《전쟁과 학교》에서 다음과 같이 '국민'이란 말에 담긴 뜻을 헤아려 짚었다.

> 우리 근현대사에서 국민은 구한말 대한제국 국민, 식민지 친일 국민, 분단시대 반공 국민으로 서로 다른 얼굴을 하고 있다. 그러나 대한제국 사람은 아직 나라 사람인 '피플'로 바뀌지 못하고, 친일 국민은 식민지 노예에서 자주독립을 못 했으며, 분단 국민은 스스로 민족 통합을 이루지 못했다. 말하자면, 국민 이미지는 시대마다 참다운 한국 사람 집단 자아와 반드시 같지 않았다. 그것은 20세기 국민국가들이 평화를 내세우면서도 실제로는 전쟁 따위를 해서 스

스로 망가뜨려 온 현실과 다르지 않을 것이다. 이 시기에 학교교육이란 그 스스로 망가뜨린 인류사를 압축하고, 겨레를 분열시킨 주범이던 것이다.

김남식은 1948년 남으로 내려와 경기도 군자국민학교를 거쳐 1954년 서울 청량국민학교에서 교사 생활을 하고, 1986년 다시 청량초등학교로 돌아와 평교사로 정년퇴임을 했다. 평생 교단에 있는 동안 제 발로 교단을 떠나본 적이 없었다. 그러나 교원노조 활동을 한다고 5·16 군사정권 때 해직돼 학교를 떠나야 했다. 또 한 번은 해방 직후 노동당 가입을 거부하고 있을 때, 어느 날 동네 꼬마들이 학교 교무실에 걸려 있던 김일성과 스탈린 초상화에 새총을 쏜 일이 있었다. 이 일을 두고 근무 태만으로 교장과 교사들을 문책하면서 함께 파면됐다.

굽이굽이 이런저런 일들을 겪으면서도 김남식은 교육 신념을 조금도 굽히지 않았다. 그런 '꼬장꼬장한' 태도를 눈엣가시로 여기는 사람이 적지 않았다.

"3·15 부정선거 전에 교장이 교사들을 모아 놓고 야당을 지지하는 학부모들을 만나 설득하라고 시켰어요. 그 자리에서 말했지요. 그런 거 안 하려고 북에서 남으로 왔는데 여기서도 그러는가? 난 그렇게 못한다 했지요."

그러던 김남식이 더욱 헤아리기 어려운 일을 하기 시작했다. 복직된 서울 금호초등학교에서 집게와 양동이를 들고 학교와 집 둘레를 청소하기 시작했다.

"저는 늘 청소를 7교시라고 생각하고 살았습니다. 보통 6교시로 수업을 마치잖아요. 흔히 아이들이 혼자서 청소하고 선생님한테 가서 청소 검사를 받고 했는데, 저는 옳지 않다고 생각했어요. 교육이 제자와 선생이 함께라면 청소도 함께하는 것이라고 생각했거든요. 그래서 늘 함께했지요"

그랬기에 양복을 입으면서도 넥타이를 매지 않은 지 오래다.

"1950년대부터 그랬지요. 청소하는 데 거치적거려서요. 풀어 두었다가 직원 종례시간에 다시 매곤 했는데 그것도 번거롭고 해서 매지 않았어요."

정년을 한 해 남기고서는 아예 청소하는 선생님으로 지냈다. 온종일 집게와 양동이를 잡았다. 서울 와서 줄곧 회기동에 살아왔고 청소했으니 마을 역사를 훤히 꿰뚫고 있다. 처음 쓰레기를 줍기 시작한 수십 년 전, 경희대 앞은 복개공사가 되기 전이라서 큰길 절반이 개울이고 버스정류장도 아주 먼 데 있었다. 연탄을 때던 시절이라 연탄재와 쓰레기가 개울을 늘 메우고 있어서 쓰레기 줍는 일이 아주 힘들었다는 김남식.

옛날에는 넝마주이가 동료로 잘못 알기도 했고, 초등학교 아이들은 할아버지를 만나면 함께 쓰레기를 줍기도 한다. 담배꽁초를 그이 쓰레기봉투에 집어넣으려는 얌체들도 있다. 그러면 이렇게 말한다.

"난 불쌍한 고아 쓰레기만 줍습니다. 그 쓰레기는 임자가 있으니 임자가 알아서 처리하셔야 하지요."

그러면 머쓱해서 제 주머니로 넣기도 하지만 투덜대는 이들도 있었다.

가훈은 '물처럼, 해님처럼'으로 아버지 가르침이 고스란히 담겨 있다. 공무원 생활을 하다 마흔여섯에 돌아가신 아버지는 늘 물 이야기를 했다.

> 물은 만물을 이롭게 한다. 모든 더러운 것을 깨끗하게 한다. 물은 부드러워서 못 가는 곳이 없다. 네모난 그릇에 담으면 네모로 되고 동그란 그릇에 담으면 동그랗게 된다. 물은 칼로도 자를 수 없는 뭉치는 힘이 있다.

김남식은 아버지가 말씀한 뜻에 '해님처럼'을 덧붙였다. 또렷하게 한결같이 산다는 뜻이다.

쓰레기 줍기를 날마다 하는 아버지를 헤아리지 못하던 아들들도 아버지 옆에 섰다. 먼저 세상을 떠난 철물점 하던 동생이 만들어준 '사랑하는 집게'를 들고 '기운이 다할 때까지' 하겠다며 쓰레기를 주웠다는 김남식. 너무도 쉽게 버려진 '우리 양심'을 줍지 않았을까.

용서는 영혼을 해방시키고 두려움을 없애는 무기

넬슨 만델라(정치인, 흑인인권운동가)

맑아졌다는 21세기. 아직도 여성·아이·장애인·유색인·동성애자·난민·정치 피억압자·노동자들은 온갖 차별에 시달린다. 불평등을 넘어서려는 운동도 곳곳에서 일어나고 있다. 이 운동가들에게 간디, 체 게바라, 마틴 루터 킹, 넬슨 만델라는 인권투쟁과 평화운동을 상징한다.

1964년 정부 전복 음모죄로 종신형을 받아 로벤섬 독방에서 스물일곱 해가 넘도록 옥살이를 하면서도 "삶에서 가장 값진 영광은 절대 넘어지지 않는 데 있지 않고, 넘어질 때마다 다시 일어서는 데 있다"고 외쳤던 넬슨 만델라Nelson Mandela(1918~2013년)가 1994년 남아프리카공화국 첫 흑인 대통령이 됐다. 대통령 경호를 맡았던 백인들은 경호원이 모두 흑인으로 바뀌지 않겠느냐며 보따리를 싸고 떠날 채비를 마쳤다. 그때 만델라가 이 사람들을 불러 말한다.

"떠나는 것은 자유입니다. 그러나 살갗 빛깔, 말, 앞선 정부와 일했던 경력 때문에 떠나려 한다면 남아주십시오. 저는 여러분들이 있어야 합니다."

만델라를 가뒀던 백인들도 앙갚음이 두려워 떨었지만, 만델라는 "용서는 영혼을 풀어주고 두려움을 없애주는 가장 좋은 무기"라고 하면서 앙갚음은 없다고 말했다. 그러나 현실은 녹록지 않았다. 뿌리 깊은 인종 갈등에 빈곤과 질병까지 겹쳐 뜻을 하나로 모으기가 어려웠다. 만델라가 남아공 국가대표 럭비팀 '스프링복스'가 하는 경기를 보려고 경기장을 찾았을 때 흑인들은 상대팀을 응원했다. 남아공 선수들이 모두 백인이었기 때문이다. 흑인 단체들은 백인우월주의 상징인 스프링복스를 없애야 한다고 목청을 높였다.

만델라는 1995년 남아공에서 열리는 럭비 월드컵 우승을 하나 되는 계기로 삼겠다고 마음먹고 스프링복스 경기장을 찾아가 스프링복스 유니폼을 입고 응원했다. 만델라는 주장 프랑수아에게 부디 우승해서 민의를 하나로 모아달라고 북돋웠다.

그때 프랑수아가 물었다.

"어떻게 당신을 27년간 가둔 사람들을 용서할 수 있습니까?"

만델라가 빙그레 웃으며 말했다.

"용서는 영혼을 풀어주고 두려움을 없애준다네. 그래서 가장 좋은 무기지."

간절함이 하늘을 움직였을까? 예상을 뒤엎고 결승에 오른 남아공 대표팀은 막강한 우승 후보 뉴질랜드를 15 대 12로 꺾는 기적을 이뤄냈다. 용서 바탕에서 흑백논리는 없다며 모순을 끌어안은 신념이 나라를 하나로 묶어 역사에 길이 남았다.

넬슨 만델라가 인종차별 정책에 맞선 전사로, 외교관으로, 정치가로 거듭 탈바꿈하면서 나라를 아우를 수 있었던 바탕에는 남다른 덕목이 있었다.

1. 용기란 남들이 두려움을 넘어서게 하는 일 : 정부 전복 음모죄로 스물일곱 해 동안 옥살이와 비행기 사고, 수많은 고비마다 몹시 두려웠으나 동료들이 무너질까 봐 용기를 내어 마음 놓게 했다.
2. 아우르되 뿌리를 잊지 말라 : 1985년 정부와 마주 앉은 협상에서 이제는 싸우기보다 대화해야 할 때라면서 "원칙엔 변함 없다. 협상을 해야 할 때라서 그럴 뿐"이라며 배신이라고 아우성치는 동료를 다독였다.
3. 다른 이들이 나서게 하라 : 어릴 때 목동으로 소 떼를 몰던 때

를 떠올리며 "사람들을 설득할 때는 제 생각에 따라 일한다고 믿도록 하라"고 했다.

4. 적에게 배워라 : 다른 흑인 지도자들과는 달리 백인들이 쓰는 말투와 스포츠를 배웠다. 그랬기에 흑인과 백인이 닮고 다름을 꿰뚫어 인종차별을 넘어서는 길을 찾을 수 있었다.
5. 적은 더 가까이 : 대통령이 된 뒤 저를 옥에 가둔 사람들과 정치 맞수를 내각에 맞아들였다.
6. 겉모습도 전략이다. 늘 웃어라 : 만델라는 아프리카국민회의ANC 지하 무장조직을 이끌 때도 사진을 찍을 때면 늘 웃에 신경을 썼다. 1994년 대선 때는 '웃음'을 내세웠다.
7. 흑백논리는 없다 : 흑백논리보다는 '모순'과 불편하지 않게 마주하라고 말하며 끌어안았다.
8. 위대한 물러섬 : 1994년 대통령에 당선됐을 때 나라 사람 대부분이 '종신 대통령'이 되어달라고 부탁했지만 서늘하게 고개를 저었다.

진실은 아픔, 침묵은 죽음

데즈먼드 투투(신부)

남아프리카공화국 백인우월주의는 17세기 중엽 백인들이 남아공으로 옮겨 가면서 시작됐다. 1948년 네덜란드계 백인인 아프리카너를 바탕으로 하는 국민당 단독정부가 들어선 뒤 굳어진 백인우월주의는 아파르트헤이트Apartheid(인종차별, 격리)를 낳았다. 아파르트헤이트는 다른 인종 사이 혼인을 법으로 막고, 인구등록법에 따라 백인·흑백 혼혈·인도인·흑인으로 나누고, 집단지역법을 만들어 인종별로 다른 마을에 살게 했으며, 유권자 분리대표법을 두어 유색 인종이 중앙정치에 끼어들 수 없도록 막았다. 또 반투교육법Bantu Education Act을 펼쳐 모든 흑인 아이가 학교 가고 못 가고를 정부가 쥐락펴락하며 흑인 아이들에게는 고등교육을 하지 않고 급식도 먹지 못하도록 막았다.

이렇게 16%밖에 안 되는 백인이 84%나 되는 흑인을 비롯한 다른 인종을 끔찍하게 짓밟는 일이 46년이나 이어지다가 1994년 민주 선거를 치러 넬슨 만델라가 대통령이 되면서 막을 내렸다. 만델라 대통령은 '진실화해위원회'를 만들어 아파르트헤이트가 저지른 끔찍한 일을 털어놓게 하되, 벌을 주기보다는 앙금을 털어내는 데 뜻을 두고 남아공 성공회 대주교 데즈먼드 투투를 진실화해위원회 의장으로 삼았다.

데즈먼드 투투Desmond Tutu(1931~2021년)는 남아공화국 트란스발에 있는 클레르크스도르프 광산촌에서 가난한 흑인 교육자 아들로 태어나 고등학교 교사로 일했다. 흑인차별 교육정책에 맞서 교직을 떠난 뒤, 세인트피터스신학대학을 나와 1961년 남아공화국 흑인으로는 처음으로 성공회 신부가 되었다. 1976년 흑인 의식화 운동 기수가 되어 그저 살빛이 다르다는 까닭만으로 사람을 물건 다루듯 하는 현실에 온몸으로 맞섰다. 인종차별 반대운동뿐만 아니라 에이즈·결핵·빈곤퇴치 운동도 뜨겁게 펼쳐 1984년 노벨평화상을 받았다. 1986년 일백육십만 사람이나 되는 남아프리카공화국 성공회를 아우르게 됐으며, 2007년 간디 평화상을 받았다.

남아공에서는 인종을 차별하는 아파르트헤이트에 붙었던 사람들을 한꺼번에 사면하지 않고 한 사람 한 사람 까다롭게 심사했다. 제대로 처리하지 않으면 지난날이 끈질기게 돌아와 괴롭힐 것이 뻔했기 때문이다. 데즈먼드 투투 대주교가 진실화해위원회를 아우른 알짬은 우분투 철학이다. 응구니족 말로 '사람됨'을 가리키는 '우분투Ubuntu'는 너를 도탑게 보살피는 사람을 일컫는 말로 제 몫을 기꺼이 나누는 사람이라는 뜻이다.

"우리는 여럿이 한데 묶여 나는 너와 뗄 수 없이 이어져 있다. 사람은 다른 사람과 도타운 사이를 이룰 때 비로소 사람이 된다. 나는 모두 가운데 하나로, 더불어 나누는 사람이다."

투투 주교는 이러한 우분투 정신에 따라 벌을 주고 복수를 하는 '응보 정의' 대신 어그러진 균형을 바로잡고 깨어진 사이를 '되돌리는 정의'를 내세웠다.

진실화해위원회는 "진실은 아픔이지만 침묵은 죽음"이라면서 응어리를 가슴에 담아두지 말고 털어놓자고 하소연했다. 경찰관이 쏜 총에 맞아 앞을 보지 못하게 된 젊은이 루카스 시크웨페레는 이렇게 말했다.

"제가 그토록 아팠던 까닭은 제 이야기를 할 겨를이 없었기 때문인 듯합니다. 여러분 앞에 제가 살아온 얘기를 털어놓고 나니 잃었던 시력을 되찾은 느낌입니다."

위원회가 이어지면서 위원들은 사람이 얼마나 끔찍한 일을 저지를 수 있는지를 짚고 섬뜩했다.

투투 주교는 이렇게 털어놓았다.

"우리가 모두 끔찍한 일을 저지를 수 있음을 깨달았다. 저 사람들과 똑같이 세뇌를 당했어도 저 사람들처럼 되지 않았으리라 말할 수 있는 이가 있을까? 그래서 인권을 짓밟은 범죄자들을 바라볼 때 더 너그러운 마음을 가져야 한다."

1988년 12월, 인카타자유당과 아프리카민족회의 제휴 단체인 연합민주전선 갈등이 꼭짓점에 이르렀다. 이때 연합민주전선을 지지하는 이들을 짓밟으라는 명령을 내려 엉뚱하게 정치도 모르는 여자와 아이들이 지키던 공동체인 트러스트피드 농장을 쑥대밭으로 만든 경찰서장 브라이언 미첼은 사면청문회에 나와 용서를 빌었다.

"1988년 이곳을 떠난 많은 분이 이곳으로 돌아와 살도록 허가받지 못했음을 이제 알았습니다. 저는 그분들이 살던 땅으로 돌아와 땅을 다시 살리게 해야 한다고 생각합니다."

미첼은 피해 입힌 공동체를 되살리는 데 앞장섰다.

상처가 나으려면 잘못을 저지른 사람이 잘못했다고 털어놓아야 한다. 갈등을 애써 숨기고 불화한 까닭을 풀지 않으면 상처는 곪게 마련이다. 용서와 화해는 진실에서 애써 고개를 돌리고 잘못을 눈감아주는 것이 아니다. 참다운 화해는 끔찍한 진실을 드러낼 때 비로소 이룰 수 있다. 생채기가 드러나면 더 아프지만 그만한 값어치가 있다. 있는 그대로 똑바로 보고 풀어야만 상처가 제대로 아물 수 있기 때문이다. 거짓 화해로 상처를 덮으면 속으로 곪을 뿐이다.

용서하라는 말은 잊으라는 뜻이 아니다. 잊지 말아야 다시 같은 일이 벌어지지 않게 막을 수 있다. 용서는 기억 언저리에 숨어 우리를 망가뜨릴지도 모르는 독침을 빼내는 일이다. 용서는 앙갚음할 겨를을 내려놓는다는 뜻이지만, 앙갚음하려는 뜻을 내려놓아야 비로소 상처가 아문다.

꽃을 다 꺾어도 봄을 독차지할 수는 없다

살바도르 아옌데(정치인)

2013년 방송된 MBC 〈신비한TV 서프라이즈〉는 집무실에서 목숨이 끊긴 칠레 제29대 대통령을 다뤘다. 1998년 기밀 해제된 미국 CIA 극비 문서로 칠레 쿠데타는 미국 닉슨 대통령이 일천만 달러를 대주어 이끌었다는 것이 밝혀졌다.

1970년 9월 칠레 대통령으로 당선된 살바도르 아옌데Salvador Allende(1908~1973년)는 남아메리카에서 첫 민주 선거로 대통령이 된 사회주의자다. 아옌데는 취임하자마자 칠레 사회주의 정권을 선언했다. 코밑에 공산주의 나라 쿠바가 있는데, 턱밑에 사회주의 정권이 하나 더 들어서자 위협을 느낀 닉슨 대통령은 살바도르 아옌데가 내놓은 공약을 무너뜨려 지지도를 떨어뜨리려고 했다. 그동안 미국이 경제 교란과 언론 조작, 폭동을 부추기고 통치자를 죽여 마음에 들지 않는 체제를 뒤집어왔다는 사실은 더는 놀랄 일이 아니다.

미국 정부는 첫 작품으로 소아과 의사 출신 살바도르 아옌데가 1970년 열다섯 살이 되지 않은 모든 칠레 아이에게 날마다 분유 0.5리터를 거저 주기로 한 공약을 막아섰다. 네슬레를 비롯한 분유 회사들이 칠레에 분유를 수출하지 못하게 막아 칠레 아이들은 영양실조와 배고픔에 시달렸다.

이 공격에도 지지도는 움쩍도 하지 않았다. 그러자 미국은 사회주의 정책에 맞서는 칠레 유산계급과 기득권층, 보수주의자, 지주, 미국계 기업들을 꾀어 아옌데 정부를 무너뜨릴 음모를 꾸몄다. 구리를 풀어 칠레를 먹여 살리던 구릿값을 고꾸라뜨리고, 칠레에서 가장 큰 신문사를 꾀어 좋지 않은 기사를 쏟아내게 했다. 생필품은 동나고 아옌데가 대통령이 된 지 이태 만에 물가는 다섯 곱절까지 치솟았다.

미국 CIA는 요원들을 화물운수 업계에 거짓 취업시켜 흔들어댔다. 1972년 10월 칠레 운수업자들은 일제히 파업에 들어갔다. 생필품이 모자라고 높은 인플레이션으로 저소득층은 극심한 생활고를 겪었다. 외화보유고는 마르고, GDP는 내리꽂히며 경제는 힘을 잃어갔다. 실정 때문이라는 유언비어에도 민심이 움직이지 않자 아옌데를 지지하는 좌파, 민주 인사들을 억지로 가두거나 짓밟았다. 그런데도 아옌데 대통령이 이끄는 인민연합은 1973년 총선에서 압승을 거두었다.

아옌데 재선을 눈앞에 두고 압박을 견디지 못한 닉슨 대통령은 CIA 국장 헬름스를 움직여 아옌데 반대 세력인 피노체트에게 쿠데타 자금으로 일천만 달러를 건넸다. 1973년 9월 11일 쿠데타가 일어나 대통령 궁이 쿠데타군에게 떨어지고, 아옌데 대통령은 궁을 버리고 망명하라는 제의를 거부한 채 "내 자리를 지키겠다!"며 스스로 목숨을 끊었다. 아옌데 대통령은 마지막 연설을 남겼다.

이 역사 갈림길에서 여러분이 보여준 충정에 제 목숨으로 답하겠습니다. 우리가 소중한 칠레 사람 양심에 심어놓은 씨앗들은 한방에 베어 쓰러뜨릴 수 있는 것이 아님을 믿습니다. 어떤 거센 힘으로도 사회 진보를 막을 수는 없습니다. 역사는 우리 것입니다. 그리고 역사를 만드는 것은 민중입니다.

누구보다 먼저 겸손한 이 땅에 사는 여성들, 여성 농민들, 아이들에게 쏟은 우리 관심을 알아준 어머니들에게 말씀드립니다. 자본주의 사회를 떠받드는 기득권 세력이 저지르는 방해 선동에 맞선 나라 사랑 전문가들에게, 젊은이들에게, 파시즘에 박해받을 칠레 노동자, 농민, 지식인들에게 말씀드립니다.

역사가 저들을 심판할 것입니다. 민중은 스스로 지켜야 하는 법이지만, 스스로 희생하지는 마십시오. 민중은 굴종과 박해를 받아들여선 안 되지만 스스로 깎아내려서도 안 됩니다. 잊지 마십시오, 자유로이 가슴을 활짝 펴고 나다닐, 더 나은 사회를 향한 크나큰 길을 열어젖힐 일이 얼마 남지 않았다는 것을.

칠레 만세! 민중 만세! 노동자 만세!

칠레 사람이 만든 영화 〈산티아고에 비가 내린다〉는 당시 사건을 다룬 영화 가운데 가장 선이 굵지 않은 영화다. 그러나 힘껏 칠레 사회주의 정부와 대통령 아옌데를 지키려는 칠레 민중들을 오롯이 보여준다. 출동을 거부하고 총살당하는 중위를 비롯해 "나는 내 자리에 있어야 한다"며 아내와 아이와 생이별하는 공장 노동자, 군대에 맞서는 대학생들 그리고 체포된 군중들 사이에서 "뭉치라"고 노래하다가 두 손이 으깨진 채 죽임을 당한 민중가수 빅토르 하라에 이르기까지 장렬히 마지막을 맞는 사람들을 낱낱이 드러낸다. 그리고 무엇보다 희생된 이들이 가슴에 품은 큰 뜻은 '끈끈한 연대'였다. 꽃을 다 꺾어버릴 수는 있지만, 봄을 독차지할 수는 없다.

암살당한 평화주의자

올로프 팔메(정치인)

탕! 탕!

총성 두 발이 1986년 2월 마지막 날 밤 스톡홀름을 뒤흔들었다. 총을 맞는 사람은 스웨덴이 사랑한 정치인 올로프 팔메Olof Palme(1927~1986년) 총리였다. 팔메는 아내, 둘째 아들 부부와 함께 영화를 보고 돌아오던 길이었는데, 총을 맞고 병원에 닿기 전 숨을 거두었다.

사건이 일어난 지 한 해가 지나 스웨덴을 찾은 〈뉴욕타임스〉 기자 리처드 리브스에게 스웨덴 고위층은 팔메가 죽은 것은 외교 활동과 관련 있을 것이라고 했다. 중립국 스웨덴 총리 팔메가 걸프전쟁에 끼어들어 이란과 이라크를 오가며 평화를 중재한 것은 스웨덴이 무기 수출하는 데 걸림돌이었다. 팔메는 더욱이 불법무기 판매를 특별 조사하라고도 했다. 이름을 밝히기를 꺼린 제보자는 "암살이 무기 판매에 큰 타격을 안긴 결정과 관계없다고 볼 수 없다"고 했다.

> 나는 내 마지막 숨이 다할 때까지 그 생각을 하지 않았으면 좋겠다. 내 부고에 뭐라 쓰일지에 마음 쓰는 순간부터 마음속에 두려움이 생긴다. 용기가 사라진다. 생명력을 잃는다. 그 생각이 내 마음속에 떠오르지 않도록 당신도 나를 도와주기를 바란다.

1969년 인터뷰에서 "사람들이 당신을 어떤 사람으로 떠올렸으면 좋겠느냐"는 물음에 팔메가 내놓은 답이다.

올로프 팔메는 총리를 두 번 맡았다. 이때 스웨덴 복지제도가 새로운 길로 들어섰다고 평가받는다. 스웨덴 지니계수는 눈에 띄게 낮아지고, 부모 육아휴직 제도 개혁으로 여성 사회참여가 늘었으며, 보육시설이 늘어나고 교육 기회가 많아지면서 양성평등 지표도 높아졌다.

> 나라는 모든 사람을 보듬는 집이 되어야 한다. 보금자리는 울음도 웃음도 함께 나누는 목숨밭이다. 이 집에서는 누구도 더 떠받치기를 바라지 않으며, 누구도 따돌리지 않아 독

차지하는 삶도 없고, 업신여김을 받는 이도 없다. 이 집에서 모든 식구는 다 같고 서로에게 마음을 쓴다. 온 나라를 격 없는 '인민들 집'으로 만들려면 돌봄과 경제 균등 정책을 펴야 한다. 노동 값어치를 제대로 받아들여 노동자들에게 알맞은 지분을 줘야 한다. 민주주의는 사회, 경제 모든 면에서 고르게 이루어져야 한다.

사회민주주의자 팔메는 이렇게 스웨덴 복지제도가 그동안 미처 챙기지 못했던 구석까지 촘촘하게 살펴 보편과 평등을 이루려고 애썼다.

1978년, 사민당 회의에서 팔메는 정치와 사회 민주화를 이룬 스웨덴이 경제민주화도 이뤄야 한다고 외쳤다. 우파가 정권을 잡고 나서 늘어난 실업률, 치솟는 물가, 환경오염을 짚으면서 이는 자본주의가 더는 경제발전 원동력이 아니라고 알려주는 것이라고 했다.

1970년대 유럽에서 이야기하던 경제민주화는 노동조합 조직률을 높이는 것이었다. 노동자는 일터 운영에 뜻을 펼 수 있으며, 시민은 경제계획을 세우는 데 뜻을 내야 한다고 했다. 모든 문제가 자유로 모인다고 보았던 팔메, 그러나 더 큰 자유를 누리려면 정치 위에 경제가 올라서서는 안 된다며 시장자유주의를 경계했다. 그러려면 경제 안에서도 민주주의가 뿌리내려야 한다고 했다. 그래서 팔메는 교육, 건강, 사회보장 분야는 어떤 일이 있어도 민영화하지 않겠다고 했다. 보수당에서 건강 복지에 들어가는 세금을 줄이고 개인에게 맡겨야 한다고 하자 팔메는 미국을 보기로 들었다.

"미국은 심각하다. 로널드 레이건 가까이 있는 미 경제학자는 돈을 적게 버는 사람은 소득에 맞춰 의료 서비스를 받아야 한다고 말한다. 마취할 돈이 없는 치과 환자에게 열심히 일하면 다음에는 마취할 수 있을 거라고 답한다. 그때까지 이가 남아 있다면 말이다."

팔메는 "아이는 다 우리 아이"라는 바탕에서 아이 복지를 이루고, "모든 것은 장애인 눈높이에서" 장애복지를 일궈내고, 남녀평등을 보장하며, "요람에서 무덤까지" 보편복지 틀을 이뤄냈다. 아울러 누구에게나 기회가 골고루 주어지는 '인민들 집'을 온 누리 사람들이 모두 누리는 '온 누리 집'으로 넓혀가려고 뛰고 또 뛰었다.

러시아어·독어·영어·프랑스어·스페인어를 할 줄 알았던 팔메는 나라 밖에서 더 뜨겁게 움직였다. 1968년은 유럽을 뒤흔든 '학생혁명'이 일어나고, 소련이 체코를 점령해 '프라하의 봄'

이 꺾이고, 베트남전쟁을 반대하는 데모가 한창이었다. 팔메는 같은 해 노동절 기념 연설에서 스웨덴 중립노선을 밝혔다.

> 우리는 외세 압력에 치우치지 않으며, 뚜렷하고도 한결같이 우리 노선을 갖추려고 한다. 중립은 고립을 뜻하는 것이 아니다. 작은 나라인 우리는 영향력이 작다. 그렇다고 해서 인류 평화와 중재, 민주주의, 사회정의를 가져오려는 애씀까지 적은 것은 아니다. 중립은 침묵을 가리키지 않는다.

팔메는 평화가 위협받고, 정의가 거부되고, 자유가 위기를 겪는 곳이라면 어디든지 찾아가서 중재했다. 교육부 장관이던 1968년 2월 21일, '스웨덴 베트남 위원회'가 연 반전 집회에서 베트남전쟁에 반대하는 연설을 하고 반미·반전 시위에 뛰어들었다. 또 총리로 있던 1972년 12월에는 국영 라디오에 나와 미국이 하노이를 폭격한 것은 나치 게르니카 폭격이나 집단수용소 학살과 다를 바 없다고 퍼부었다.

열받은 미국은 스웨덴과 외교를 두 차례나 끊었다. 미국 국무장관 헨리 키신저는 "나는 나와 뜻을 같이하는 많은 사람을 싫어하고 나와 뜻을 달리하는 많은 사람을 좋아했는데, 그 가운데 으뜸이 팔메 총리"라고 했다. 그럴 만큼 팔메는 남미와 아프리카 민족해방운동을 지지했고, 칠레 피노체트 정권과 같은 우익 군사정권을 서슴없이 비판했으며, 넬슨 만델라 투쟁을 감쌌다. 죽기 일주일 전에도 "인종분리정책은 개혁 대상이 아닌 제거 대상"이라며 드세게 몰아붙일 만큼 팔메는 남아공 인종분리정책인 아파르트헤이트를 반대해 스웨덴 기업이 남아공에 수출하지 못하게 막았다.

"아름다운 날이 우리 앞에 있다."

그렇게 외치며 팔메가 아우르던 평화, 자유, 연대로 가는 길은 팔메가 죽으면서 멈춰 섰다. 팔메 암살은 인류 진보에 애쓰는 사람들에게 보내는 경고장과도 같았다. 아프리카 출신으로는 가장 먼저 노벨문학상을 받은 월레 소잉카는 1986년 노벨문학상 수상 연설에서 이렇게 말했다.

"여럿이 입을 닫고 있던 인종차별에 올로프 팔메는 또렷하게 '아니요' 하고 하고 나섰다. 참된 목소리 하나가 사라졌다. 당신과 나, 모두가 잃었다."

올로프 팔메는 모든 사람이 정치인이라고 했다. 또 누구라도 제 뜻을 드러내고 움직이면 사회를 바꾸고 세상을 바꿀 수 있다고 흔들다 갔다.

내려놓아 이룬 평화로움

지그메 싱예 왕추크(부탄 국왕)

바누아투, 코스타리카, 파나마, 부탄, 방글라데시……. 무엇이 닮았을까? 부유하지 않은데 행복지수 1위를 한 나라들이다. 부탄은 국민소득 3천 달러도 되지 않는 나라다. 그런데도 국민 100명 가운데 97명이 '나는 행복하다'고 한다. 부탄은 국민총생산GDP 대신 '국민행복지수GNH(Gross National Happiness)'를 앞세워 바른 사회와 경제, 문화 보전과 진흥, 환경 지킴, 활기찬 민주주의 네 줄기를 세웠다. 그 바탕에서 살피는 아홉 가지 조건은 다음과 같다.

1. 마음 보듬음
2. 건강, 교육
3. 균형 갖춘 삶

4. 문화 되살림

5. 시간 살려 쓰기

6. 민주주의 이음

7. 협력하는 모듬살이

8. 생태 되살림

9. 사는 질 높이기

이를 재는 33개 지수 평가 기준도 세웠다. 처음 국민행복지수를 내세운 살림꾼은 4대 왕 지그메 싱예 왕추크Jigme Singye Wangchuck다.

환경을 지키겠다며 관광객 수를 제한하고, 한 사람이 하루 머무는 삯을 200달러에서 290달러나 받는 별난 나라 부탄. 그런데도 미국, 영국, 프랑스, 독일, 일본, 중국 경제·정치 전문가들이 행복 원리를 캐려고 속속 찾아든다.

해발 2,400m 오목한 골짜기에 있는 수도 팀푸는 우거진 숲으로 둘러싸여 지구별에서 가장 조용한 수도다. 교통신호등을 하나 세웠는데, 어쩐지 어울리지 않는다고 말하는 시민들이 적지 않았다. 이 뜻을 받아들여 신호등을 없애버리고 수신호를 하게 했다. 이렇게 시민이 주인 노릇을 톡톡히 하는 팀푸시에서는 자동차는 330%나 늘었지만 신호등을 없애도 교통사고율은 절반도 밑돌게 떨어졌다.

우리나라에 견줘 국민소득이 10%를 밑도는 나라에서 누구나 돈을 내지 않고 교육받고 의료혜택을 누릴 수 있다. 부탄을 여행하는 다른 나라 사람에게도 치료비를 받지 않는다. 하루 여행비는 세 사람이 넘는 단체 여행은 시즌인 3~5월과 9~11월은 250달러, 비수기인 1~2월과 6·7·8·12월은 200달러를 받는다. 이 가운데 65달러는 정부로 들어가고, 나머지는 여행자 3성급 호텔 숙박료·식사·교통비·가이드 비용·입장료인데, 그 안에서 65달러를 무상교육과 무상의료에 쓴다. 나라 사람을 모두 도타이 보듬으려는 부탄에서는 거지나 노숙자는 물론 우울증 환자도 찾아보기 어렵다. 사람 취향에 따라 콘돔을 거저 나눠주는가 하면 군대에서 럼주나 위스키 따위 술도 빚는 남다른 나라다.

이곳 사람들은 시간에 얽매이지 않는다. 오후 1시에 만나기로 약속했다면 1시간 앞선 오전 12시부터 2시간 뒤인 3시까지가 모두 약속 시간이다. 집에 와서 밥을 먹으라고 하거나, 전기가 고장 나서 수리공을 부를 때는 더욱 느긋하다. "월요일에 갈게요" 한 사람이 수요일에 나타나도 48시간이 지나지 않아 나타났다면 약속을 지켰다고 여긴다.

부탄에서 시간, 삶이란 앞으로 나아가는 것이 아니라 끝없이 돌고 돌아가는 것이어서 목숨과 시간은 끝이 없다. 그래서일까?

첫눈 내리는 날에는 관공서 문을 닫고 온 나라가 잔치 마당이 된다.

1970년대 막바지에 이르러서야 외국 사람을 받아들일 만큼 오랫동안 고독을 즐기던 '지구별 마지막 샹그릴라' 부탄은 1999년에야 텔레비전이 들어오고 인터넷 시대가 열렸으며, 2003년에 휴대전화가 들어왔다. 그러나 여전히 많은 사람이 가파른 산기슭에서 씨앗을 뿌리며 옛 모습 그대로 살아간다.

그렇다고 부탄이 문을 꼭꼭 걸어닫은 것은 아니다. 4대 국왕 지그메 싱예 왕추크는 1972년 17세에 왕위에 오르며 중세에 머물던 나라를 열어젖혔다. 외국 사람을 받아들이고 교육을 뒤집어 80%나 되던 문맹률을 40%로 낮췄다. 나라 곳곳에 보건소를 세워 마흔세 살이던 평균수명을 예순여덟 살로 끌어올렸다. 국민행복지수를 만들어 물질보다는 마음을 세우며 살도록 했다.

절대군주였던 지그메 싱예 왕추크는 2006년 스스로 국왕 자리에서 물러나며 입헌군주제를 하도록 자락을 깔아 나라 사람들에게 주권을 넘겨준 세계에서 유일무이한 임금이다.

"내가 좋은 임금이 되려고 애쓸 수는 있지만, 대대로 좋은 임금이 이어지리라고 볼 수는 없다."

그렇게 나서서 민주주의를 해야 한다고 사람들을 흔들었다.

그러나 갑작스러운 민주주의에 두려움을 느낀 사람들은 입헌군주제를 반대했다. 지그메 싱예 왕추크는 사람들을 이렇게 다독였다.

"여러분이 행복하려면 운명을 스스로 이끌어야 한다."

싱예는 스스로 왕위를 내어놓고 세계에서 가장 처음 절대군주제를 입헌군주제로 바꿨다.

셋째 아들 지그메 케사르 남기엘 왕추크에게 왕위를 넘기면서 벌인 회의는 놀랍다. 왕위를 물려주기에 앞서 식구들을 불러 모아 물었다.

"누구에게 왕위를 물려주는 게 좋을까?"

온 식구가 뜻을 모은 대로 셋째 왕자 케사르에게 왕위를 물려주며 민주주의 본보기를 보였다. 부탄은 2008년 민주 선거를 치러 입헌군주제로 바뀌었고, 아버지 뜻을 물려받은 케사르는 왕궁을 나라 사람들에게 내놓고는, 평민 아내를 맞아 조그만 통나무집에서 산다.

권력을 모두 내려놓고 되도록 많은 국민과 이야기꽃을 피우려는 케사르는 때때로 자전거를 타고 출근하며, 여느 사람들과 활을 쏘고 농구도 즐긴다. 케사르는 말한다.

"우리가 우리 삶을 스스로 살게 하려고 스스로 결정할 힘을 주셨다."

네 삶을 네 말로

이오덕(작가, 교사)

한글날을 맞아 한글을 펴낸 뜻을 되새겨본다. 세종은 안평대군에게 이렇게 알려주었다.

> 훈민정음 글씨체에는 깊은 뜻이 있다. 글을 배울 수 없었던 농민·갖바치·백정·푸주한·비부쟁이 들이 어찌해서나 행서체를 흉내 낼 수 있으며, 벼루나 먹·목판을 어디서 얻을 것이며, 입에 풀칠하기도 어려운 백성이 언제 틈을 내어 글을 배울 수 있겠는가. 그래서 생각해낸 것이 양반들이 붓을 쓰는 모필체가 아니라 지게꾼들이 손에 쥐고 있던 지게 막대기로 땅바닥에 그을 수 있고, 음식을 나르던 아낙들이 사금파리로도 쓰고, 밭을 매던 소녀가 호미로도 쓸 수 있는 글씨체다. 그러니 막대기체라 할 수 있고, 호미체나 사금파

리체라 해도 좋다. 손바닥으로 허공에 그어도 되니 손가락 체라고 불러도 좋을 두드러지고 모가 난 각체다. 여기에는 백성들이 글을 배우기를 바라는 진심 어린 내 땀과 뜻이 들어 있다.

세종임금은 중국과 글을 같이하고 법도를 같이하려던 그때, 우리는 중국과 다르다며 '곧은 줏대'를 내세웠다. 무엇보다도 백성이 알아볼 수 없는 한자로 된 법률 때문에 겪는 어려움에서 벗어날 수 있도록 하겠다는 '어진 마음'과 백성이 모두 글씨를 깨치게 하겠다는 '실용주의'는 요즘 지도자에게서도 볼 수 없는 사람을 가운데에 놓은 민본주의다.

세종임금 뜻을 이은 우리말과 글은 우리 넋과 얼을 담을 만큼 튼튼한가? 이런 물음을 던지기는 쉽다. 그러나 한평생을 꾸준히 이어가기란 쉽지 않다. 그런데 그렇게 살아온 사람이 있다. 이오덕(1925~2003년)이다. 이오덕은 아이들이 제 삶을 올바르게 헤아릴 수 있도록 '글쓰기'를 가르치는 이론을 세우고, 아이들이 쓴 글을 모아 등사판 학급문집을 처음으로 펴내고, 글쓰기 이론을 모아 책으로 엮어냈다.

그런가 하면 '동심 천사주의'를 내걸며 어린이 삶과 문화를 짓밟는 사람과 모임을 날카롭게 꼬집었다. 이 나라와 이 겨레 어린이 그리고 교육을 걱정하는 교육 비평 책과 어린이문학 비평 책을 펴냈으며, 아이들이 직접 쓴 글을 모은 책을 우리나라에서는 맨 처음으로 펴냈다. 아이들을 헤아리고 아이들 삶을 보듬어 안으며 함께 뛰노는 살가운 문학과 문화를 살리는 출판 운동 밑돌을 놨다. '한국글쓰기교육연구회'를 열어 "아이들만이 우리 희망"이라는 믿음으로 학교에서 아이들에게 올바르게 글쓰기를 가르쳐서 사람답게 자랄 수 있는 바탕을 마련했다.

1986년, 전두환 독재정권이 모질게 괴롭혀 정년퇴임을 몇 해 앞두고 학교를 떠난 뒤, '민주교육실천협의회(뒷날 전국교직원노동조합)' 공동대표를 맡았다. 그리고 '배달 어린이문학 운동 협의회(어린이문학협회의)'를 열어 이 땅에 사는 아이들이 참다운 우리 어린이 문학을 즐기고 나눌 수 있는 바탕을 깔았다. 1993년, '우리말 바로 쓰기 모임(우리말 살리는 겨레 모임)'을 열어 올바른 마음을 올바른 글에 담아 누구나 올바르게 일하며 살아갈 수 있게 했다. 이오덕은 아이들에게, 꾸며대는 글짓기가 아니라 "네가 살아가는 이야기를 네 말로 쓰라"며 꾸밈없는 글쓰기를 가르쳤다.

2001년 아동문학가 권정생과 오랫동안 이야기 나누며 세상이 전쟁 없이 평화로워지려면 "모두가 가난하게 살아야 한다"고 맞장구친 이오덕. 늘 여리고 약한 사람 눈으로 세상을 바라보며 어려운 이웃을 도타이 보듬었다.

이오덕은 말한다.

> 지식인들이 쓰는 말과 글이 백성의 말은 아니다. 지식인 생각이 백성 가운데 어울려 살면서 우러나와 얻은 것이 아니라 책에서 얻은 지식이요 관념이기 때문이다.

지식이나 덧씌워진 생각만으로 세상을 바라볼 때 문제가 일어난다. 책에서 얻은 생각은 살아오면서 몸으로 가지게 된 생각과 하나가 될 때 비로소 제 것이 된다. 제 것은 없고 지식만을 제 것인 양 여긴다면 문제다. 말은 잘못되었는데 생각만을 바르게 가질 수는 없다. 시를 쓰든 소설을 쓰든 우리말 쓰임을 끊임없이 되돌아보고 짚어보는 몸가짐 없이는 옳은 생각을 가질 수 없다고 생각하는 이가 이오덕이다.

이오덕은 이렇게 사람들을 흔들었다.

> 역사는 에누리가 없다. 깎아줄 수 없다. 건너뛸 수 없다. 우리는 일제 식민지 지배 찌꺼기를 게워내지 못했다. 일제 식민지 찌꺼기는 부정한 권력과 투기 자본과 짝짜꿍이 되어 썩고 또 썩어 커다란 암 덩어리가 되어가고 있다. 암 덩어

리는 수십 년을 피와 땀으로 이룩한 민주주의를 굴착기로 구겨 벼락부자들 쓰레기통으로 처박고 있다. 암 덩어리는 산과 강을 파헤치고 잘라내는 것으로도 모자라 능지처참을 하고 있다. 암 덩어리는 지금 아이들에게 빠르게 퍼지고 있다.

예전에는 부모님이나 선생님이 아이를 호되게 나무라며 회초리로 종아리를 때리는 일이 더러 있었다. 동무들과 나눠 먹지 않고 저만 많이 먹으려고 욕심부리고, 약한 동무를 놀리며, 저 혼자 잘난 듯 위세 부리고, 수단과 방법을 가리지 않으며, 이기려고 들거나, 물욕이 너무 세고, 거짓말을 하면 매를 들었다. 그런데 요즘 가르침은 수단 방법을 가리지 않고 남을 이겨 올라서고, 점수를 많이 따고, 온갖 잡동사니 지식을 머리에 쑤셔 넣는다. 제 새끼를 이토록 더럽고 거칠게 기르는 동물은 없다. 이건 기르는 것이 아니라 짓밟아 죽이고 서로 잡아먹게 하는 짓이다.

이토록 작은 거짓에도 세포가 벌떡 일어날 만큼 아닌 것은 아니라고 또렷이 말하는 이오덕에겐 흐리터분한 구석이 조금도 없었다.

다들 꺼리는 일이 바로 내 일

임인덕(신부)

서른한 살에 한국 땅을 밟고 마흔여덟 해 동안 한국 사람들이 사람답게 살 수 있도록 하는 데 평생을 바친 성베네딕도수도회 임인덕(1935~2013년) 신부가 2013년 독일 땅에서 눈을 감았다. 돌아가는 날 아침을 들지 않아 까닭을 묻자 "한국으로 가는 비행기에서 기내식을 먹을 테야" 했을 만큼 뼛속까지 한국을 사랑했던 임인덕.

독일 뉘른베르크에서 태어난 하인리히 세바스티안 로틀러 Heinrich Sebastian Rhotler는 대학 1학년을 마치고 성베네딕도회 뮌스터슈바르작 수도원에 들어갔다. 이때 한국에 갔다가 한국전쟁이 터져 북한 강제수용소에 갇혀서 지내다 가까스로 돌아온 선배 사제에게 "한국이 아프리카보다 더 가난하다"는 말을 듣고 한국과 인연을 맺었다.

1966년, 왜관 수도원에 머물며 스스로 한국 이름을 지었다. 독일 이름에 나무라는 뜻이 들어 있어 성은 수풀 림林, 한국 사람에게 깊은 영향을 주는 유교와 불교 가르침에서 인仁과 덕德을 따 이름을 임인덕이라 했다. 1971년부터 1993년까지 스물두 해를 수도회 이름 '베네딕도'를 한자로 풀어낸 분도(향기로운 길) 출판사 사장을 하며 사람들에게 올바른 가치관을 심어주는 책을 만들겠다는 마음 하나로 많은 책을 펴냈다.

《성난 70년대》를 비롯해《현실에 도전하는 성서》,《정의에 목마른 소리》로 이어지는 책은 한국 사회에 새로운 문제의식을 불어넣었다. 특히 1977년 펴낸《해방신학》은 이 나라 학생과 지식인들이 지닌 사회의식을 크게 흔들었다. 군사정부는 이 책을 공산주의 사상을 부추기는 책이라며 없애라고 했으나 수도원 다락방에 숨겨놓고 몰래 나라 곳곳에 보냈다.

그러나 어두웠던 시절, 생각을 일깨우는 책을 펴냈다고 해서 임인덕을 투사라고 여기면 큰 잘못이다. 앞장서서 운동한 적은 물론 시국 선언을 한 적도 없을 만큼 싸우려 들지 않고 책이나 영화로 일깨우는 데만 뜻을 두었다.

임인덕을 이끈 힘은 치미는 부아나 미움이 아니라 사랑이었다. 그랬기에 울화를 터뜨리거나 짜증을 낸 적이 없었고 아무도 내치지 않았다. 시도 때도 없이 찾아와 꼬치꼬치 캐묻는 형사들에게도 "내가 내 일을 하듯 형사는 형사 일을 할 뿐"이라 받아들이고, 젊은이들과 어울려 산을 타기도 하며 김상희가 불러 인기가 있었던 '대머리 총각'을 멋들어지게 불렀던 소탈한 대머리 신부님이었다.

1987년 교통사고로 다리를 다쳐 세 해 남짓 누워 있다가 지팡이를 짚고 일어선 뒤로는 한 걸음 더 나아갔다. 신학이 가르칠 수 없는 메시지를 영화로 울림을 줄 수 있으리라 여겨 안동가톨릭센터에서 '영화포럼'을 열고 예술영화를 선보였다. 천주교뿐 아니라 개신교, 불교 신도가 두루 함께한 이 모임에서 임인덕은 막걸리와 김치를 곁들이며 영화 이야기꽃을 피웠다. 그 뒤로 안드레이 타르코프스키 감독 작품 〈거울〉, 크쥐시토프 키에슬로프스키 감독이 만든 〈십계〉 같은 영화가 임인덕 신부가 흘린 땀에 힘입어 비디오로 살아났다.

임인덕은 늘 이렇게 말했다.

"우리는 사람들이 좋아하는 영화가 아니라 봐야 하는 영화를 만듭니다."

임인덕은 좋은 영화는 품위, 삶과 죽음, 구원, 올바른 가치관, 양심, 평화, 인권 같은 메시지를 주고 영성에 눈뜨게 해준다고 믿는다면서 "좋은 영화는 감춰진 뜻을 찾아 느끼게 해줄 뿐 가르치려 들지 않는다"고 했다.

찾아오는 사람은 누구라도 돌려세우지 않았던 임인덕을 오래도록 지켜본 허창수 신부는 "임 신부가 약속 시간에 늦는 데는 다 까닭이 있다"고 했다. 어느 날 수도원에 찾아온 이들을 배웅하려고 나간 왜관역에서 누더기 차림으로 길바닥에 쓰러진 사람을 본 임인덕은 같이 간 이들에게 기다리라 하고는 둘러업고 병원으로 달려갔다. 치료하기를 꺼리는 간호사에게 임인덕은 "돈은 내가 낼 테니 걱정하지 말고 돌봐달라"고 했다.

"다들 꺼리는 일이 바로 내 할 일"이라고 입버릇처럼 말했던 임인덕은 일하다가도 한센병을 앓는 이들이 찾아오거나 만날 때가 되면 어김없이 손을 놓고 뛰쳐나갔다. 임인덕은 한센병을 앓는 사람들이 모인 삼청공소를 맡고 나서 미국 구호단체에서 돈을 보내왔을 때 마을 사람들에게 물었다. 어떻게 나누면 좋겠느냐고.

"살림이 어려운 사람도 있고 나은 사람도 있는데, 똑같이 나누면 공평치 않고 골고루 나눠봤자 홀랑 쓰고 말면 그뿐입니다. 그러니 나누지 말고 가장 어려운 사람 순서대로 목돈을 빌려주면 어떻겠습니까?"

마을 사람들은 이렇게 뜻을 모았고, 이에 따라 살림이 가장 어려운 가구부터 가구마다 삼백만 원을 세 해 동안 이자를 받지 않고 빌려주었다. 모두 열다섯 가구였다. 사람들은 이 돈으로 돼지와 닭을 사서 길러 불린 다음 돈을 갚았다. 그 돈은 또 다른 집에 가서 살림 밑천이 되어 삼청공소 식구들이 다 돌아가며 가난에서 벗어날 수 있었다.

누가 물었다, 출판사 일과 시청각 일 그리고 삼청공소 가운데 어느 하나만 남겨야 한다면 어떻게 하겠느냐고. 임인덕은 서슴지 않고 "삼청공소는 꼭 하고 싶다"고 했다. 이런 임인덕을 가리켜 둘레 사람들은 "스스로에게는 아무것도 하지 않는 사람"이라 했다.

사람이 뭔데?

전우익(작가)

"탐욕이 지나치면 죄를 낳고 죄가 지나치면 죽음을 불러온다고, 성서에서 하는 말이 딱 맞아."

오래전 여름, 땀에 푹 젖어 가파른 청량사에 함께 올랐던 시인 이산하에게 전우익이 했던 말이다. 대지주 아들로 태어났지만 물려받은 재산을 당신이나 자식들에게 쓰지 않고 겨우 입에 풀칠할 만치 농사지을 땅을 빼놓고는 가난한 이웃들에게 거저 주다시피 나눠주고 평생 농사꾼으로 살았던 전우익(1925~2004년)을 돌아보며 사람다운 삶, 사람으로 살아가기를 짚는다.

전우익은 1925년 경북 봉화에서 태어나 서울에서 중동학교를 나왔고, 해방이 된 뒤 '민청'에서 청년운동을 하다가 사회안전법으로 여섯 해 남짓 옥고를 치렀다. 감옥에서 나와 곧바로 고향으로 내려와 허리 굽은 늙은이가 될 때까지 농사짓고 나무를 키우며 50년이 넘게 고향을 지켰다. 틈틈이 농사지으며 자연에 빨려 들어가는 자유로운 삶을 글로 풀어 가까운 사람들에게 보냈다. 바라지는 않았지만, 그 글들이 책으로 묶여 나와 단순하고 검박한 삶에서 척박한 세상을 이겨내는 힘을 얻은 적잖은 이들이 '팬'이 됐다.

> 인생이란 장사가 아닌데, 왜들 계산하고 따져가며 살려고들 해요? 남는 장사 누가 못해요? 오르막길이 없으면 내리막이 생기지도 않아요. 이 땅덩이가 그냥 평탄했다면 정말 재미도 없고 살맛 없어 다 미쳐버렸을 겁니다. 밑지는 인생을 살 줄 알아야 할 것 같습니다. 본전치기 때때로 손해를 봐야 살아남을 수 있습니다. 삼시 세끼 먹는 밥이 다 살찌면 큰일 납니다. 설사도 하고, 토하고, 찌지도 빠지지도 않기에 먹을 수 있지요.

전우익은 "삶이란 구르는 것이 아니고 붙어 일어나는 것이구나" 싶다며, 나무에서 떨어진 씨가 그대로 박혀 있어야 싹이 터 자라지 굴러다니면 말라버린다고 했다.

몸과 마음이 어긋날 때는 욕심, 마음 탓이다. 몸은 욕심내지 않는다. 마음을 따라가면 몸이 지치지만, 몸을 따라가면 마음도 편해진다. 마음대로 살지 말고 몸대로 살아가자. 마음이란 것은 믿을 게 못 된다. 몸은 함부로 나대지는 않는다.

그동안 마음이 몸을 이길 수 없다는 생각만 했는데, 전우익이 남긴 이 말을 떠올리면 주어진 결을 따라가면 적어도 큰 실수는 하지 않겠구나 싶다.

그런가 하면 전우익은 '사람이란 뭘까? 내가 사람일까?' 하는 생각이 들어 편지나 소포 부칠 때 '보내는 사람', '받는 사람'을 보고 깜짝 놀라 '보냄', '받음'만 써서 편지를 썼다고 한다. 까닭은 당신이 참사람 구실은 도저히 못 할 것 같고, 가짜 사람 노릇은 하고 싶지 않아서였단다.

"나무와 산은 1년 사철에 풍요와 가난을 고루 겪죠. 사람은 오로지 한 가지, 풍요만을 좇다 이 모양이 된 것 아닙니까? 그래서 나는 인권에만 매달린 사람은 어쩐지 가짜 같아요. 천지 만물에 두루 존엄함이 깃들어 있음을 알고 대접하는 사람이 참사람 아닐까요?"

목권·옥권·산권·강권 그러니까 사람에게만 권리가 있는 것이 아니라 나무나 집, 산과 강에도 권리가 있다는 말씀이다.

"사람이 뭔데 삼라만상에 깃든 존엄성을 짓밟을 수 있느냐는 생각이 자꾸 들어요. 사람이 사람 아닌 걸 귀하게 여길 때 비로소 자기 자신도 귀해지는 법입니다."

정서는 교육으로 이뤄지지 않는다는 전우익은 농사짓기, 나무 키우기, 하다못해 장작 패는 얘기로 입을 열어서는 결국 사람 사는 게 뭔가를 생각하게 만든다.

"이 몽당연필을 봐요. 10년 전에 쓰던 걸 꺼내 써도 멀쩡해요. 그런데 볼펜은 어떤가요? 하물며 컴퓨터는? 편하면 편한 만큼 그 대가를 치른다는 걸 알아야 해요. 그런 걸 생각하면 지금 사람살이가 편리해지는 걸 꼭 발전이라고 할 수 있는 건지 모르겠어."

사람살이, 사람다운 삶이 어디 있는지 톺아보라는 말씀이다.

전우익은 사람이 사는 데 세 가지만 있으면 된다고 말한다. '평생 할 공부'와 '신나게 할 수 있는 일' 그리고 '평생 함께할 곁님'이다.

"난 신영복 선생이 글 쓰고 강의하는 건 대단해 보이지 않아. 아직도 손수 빨래하고 일하는 게 대단해 보이는 거지. 다들 입만 있지 귀가 없어. 난 젊은 나이에 학생운동 하는 거 좋다고 생각해. 그런데 요새는 세상만 바꾸려고 난리지 좀처럼 저는 변화

하지 않으려 해. 저를 먼저 깨고 바꿔야지. 바꾸려면 뿌리를 바꿔야지, 제도나 이데올로기가 아니여."

생각을 알 수 있는 말이다. 또 틈날 때마다 했던 말이 있다.

"나무를 보면 사람이 하는 일이 얼마나 보잘것없는지 알 것 같아요. 나무나 풀은 쓸모없는 것이 하나도 없잖아요? 꽃은 벌한테 꿀을 만들어주고, 또 열매를 맺어 먹을거리가 되고, 가지는 부러져도 사람한테 땔거리가 되어주고, 썩으면 땅을 기름지게 만들고."

> 사람과 동물은 소비만 할 뿐 식물만이 새로운 것을 만들어낸다. 그나마 사람이 하는 일 가운데 아무것도 없는 데서 무엇을 새로 만들어내는 일은 농사뿐, 상업은 물건을 사고파는 것이니 말할 것도 없고, 공업도 있는 것을 가지고 모양과 쓸모만 바꾸는 것이지 없는 것을 만들어내는 것이 아니다.

이 말을 떠올리면 사는 밀절미를 곱씹지 않을 수 없다.

그저 사람

정일우(신부)

판자촌 예수.

가난한 사람들 속으로 들어가 그저 사람으로 살다 간 정일우(1935~2014년) 신부를 일컫는 말이다. 미국 일리노이주에서 농부 아들로 태어난 존 빈센트 데일리John Vincent Daly(정일우)는 열여덟 살에 예수회에 들어갔다. 세인트루이스대에서 철학을 배우고, 1960년 가을부터 세 해 동안 서강대에서 철학을 가르쳤다. 미국으로 돌아가 신학을 공부해 사제 서품을 받고, 1966년 다시 한국으로 돌아와 예수회 부수련장, 수련장으로 영성 신학을 지도했다.

1969년 홀로 3선 개헌 반대 시위를 할 만큼 그릇됨을 두고 보지 않았던 정일우는 문득 복음을 입으로만 되뇌고 있다는 생각을 떨칠 수 없어 1973년 청계천 판자촌으로 들어갔다. 가난하기에 지킬 것 없는 사람들은 그저 닥치는 대로, 있는 그대로 보여주면서 싫으면 싫다, 좋으면 좋다고 했다. 이 사람들을 보면서 감출 게 많던 제 모습을 돌아보았다. 솔직함을 닮고 싶었던 정일우는 이 사람들과 함께 울고 웃으며 때로는 드세게 싸우며 살았다. 올망졸망 꼬마들이 많은 이 마을 사람들은 네 자식 내 자식을 가리지 않고 돌봤다. 정일우는 제 것만 챙기는 세상에서 내남없이 이웃을 챙기는 것만이 사람이 할 짓이라고 마음을 굳힌다.

그런데 중앙정보부가 정일우 신부를 마을에서 내보내라고 사람들을 윽박질렀다. 1974년 4월, 정일우는 할 수 없이 청계천 판자촌에서 나왔고, 이듬해 양평동 판자촌으로 들어갔다. 무엇을 하려 들지 않고 '그냥 살기', '그저 옆에서 있기', '그대로 지켜보기' 하며 사람과 사람 사이를 이루고 살았다. 양평동에 철거 바람이 분 것은 1977년 초였다. 정일우는 마을 사람들과 서울 변두리 땅을 불하받으려고 발이 부르트도록 뛰어다녔다. 그러나 땅값이 금값이라 가까스로 경기도 시흥 소래 땅 오천 평을 찾았으나 땅 살 돈을 마련하는 게 꿈같았다.

어렵사리 수소문한 끝에 독일에 있는 비영리 구호단체 미제레오르에서 땅 살 돈을 받았다. 그 돈으로 땅을 사고 모자라는 건축비를 형편에 따라 빌려줬다. 선발대가 이삿짐을 싣고 소래

신천리를 찾았을 때는 1977년 추적추적 비가 내리는 부활절 아침이었다. 뒷날 김수환 추기경은 이 철거민 집단 이주를 "마치 모세가 이스라엘 백성을 데리고 가나안 땅을 찾아가는 느낌"이었다고 돌아봤다.

모두 170세대였다. 밤낮없이 싸움이 일어났다. 때로는 한동네에서 살던 이들끼리 또는 한동네 사람들이 뭉쳐서 다른 동네 사람들과 무리를 지어 싸우곤 했다. 그악스럽게 싸우면서도 집짓기는 멈추지 않았다. 과일나무를 하나하나 캐내고 구릉진 데는 메우고 높은 곳은 깎아내려 땅을 골라 터를 닦았다. 저마다 살림 형편에 따라 열다섯 평, 열두 평, 아홉 평, 여섯 평형을 단층 연립으로 지어나갔다.

4월에 시작한 집짓기는 11월에야 끝났다. 마을 사람들이 머리를 맞대고 지은 마을 이름은 '복음자리'였다. 빌린 돈을 다달이 꺼나간 복음자리 사람들은 마침내 빚을 다 갚았다. 미제레오르에서는 "이제껏 대준 돈을 남김없이 다 갚은 일이 여느 나라에선 없던 일"이라며 놀라워했다.

정일우 신부가 품은 목표는 사람, 제대로 된 사람이 되기였다. 참사람은 따로, 혼자 힘으로 되지 않는다. 양평동 사람들은 집단으로 옮겨 와서 서로 싸우고 치대고 부대끼면서 참으로 진

한 공동체를 이루며 진짜 사람이 되어갔다. 복음자리 공동체는 정갈한 양념과 나물이 비벼 섞이듯이 서로서로 시비를 걸고, 끼리끼리 패거리를 이루고, 뭔가 트집을 잡으면서 이웃이라고 원수라고 챙겨주고, 조금이라도 손해 보지 않으려고 제 것만 챙기며 강다짐하고 날마다 비비는데, 술과 춤이 양념장과 기름 노릇을 했다. 저마다 처지가 다른 사람끼리 주먹다짐하면서도 서로 들어주고 잘 받아들여 공동체를 이루고 튼튼해졌다. 정일우는 넉넉히 들어주면 반드시 공동체가 생기고, 들어주지 않으면 생겼던 공동체도 깨진다고 했다.

정일우는 복음자리 사람들이 갚은 미제레오르 돈을 밑천으로 1979년 두 번째 집단 이주 마을 '한독주택' 164세대를 짓고, 한독주택 사람들이 갚은 돈으로 1985년 목동 철거로 길거리에 나앉게 된 세입자 집단 이주 마을 '목화마을' 105세대를 지었다. 미제레오르는 세계에서 가장 성공한 프로젝트라며 기뻐했다. 정일우는 공동체를 일궈도 규칙 따위를 만들지 않았는데, 자연스러워야 넉넉한 공동체가 될 수 있다고 여겼기 때문이다.

1987년, 상계동과 양평동에 싹쓸이 강제 철거가 밀어닥쳤다. 상계동에 트럭 수십 대가 몰려와 천막을 비롯한 살림살이를 다 걷어 싣고 어디론가 사라졌다. 막아서는 마을 사람들을 무조건

때리고 잡아들이고 굴착기로 집을 마구 부쉈다. 양평동도 다를 바 없었다. 겁에 질려 쩔쩔매던 사람들은 명동성당으로 몰려갔다. 1987년 6월에는 민주항쟁으로 연일 정치 집회가 이어졌다. 철거민들은 시위하는 학생들이 허기를 메우도록 밥을 지어 날랐다. 1987년 4월 28일, 천주교는 철거민들과 아픔을 함께 나누려고 '도시빈민사목위원회'를 세웠다. 맨몸으로 정부와 맞서던 철거민들은 이제 교회와 함께 싸울 수 있었다.

1994년, 정일우는 "도시 빈민은 떠밀렸지만 농민은 하루 세 끼 밥을 먹는 사람 머리에서 아예 지워졌다"면서 농촌으로 들어가 살며 "농부들이야말로 참으로 잊힌 사람들"이라고 외쳤다. 죽도록 일해도 느는 것은 빚뿐, 농부들이 땀을 흘리면 종묘 회사나 농자재를 파는 이들과 중간상인들 배만 불렀다. 그래도 농부들은 남 일을 해줄 때조차 도와주는 것이 아니라 그저 내 일로 안다. 내 배는 곯아도 너는 넉넉하게 품어야 사람답게 사는 것이라 여기기 때문이다.

신입 사제 서품을 기리는 자리에서 한국말은 매끄럽게 하면서도 모국어를 까먹어 더듬거리다 곁에 있던 이에게 물었다는 선교사.

생각해둔 강론이 떠오르지 않는다며 "오늘 미사 강론은 없다"고 헤식게 웃던 늙은 사제.

"사람이 예수 그리스도"라고 입버릇처럼 말하는 사람.

사람인 우리는 모두 스스로 되돌아보며 제가 옳게 가고 있는지 아닌지를 가릴 수 있어 마침내 스스로 알아서 올바른 길을 찾아가며 자란다고 깊이 믿으며, 사람 말을 몇 시간이고 들어주던 사람, 정일우.

귀담아듣기는 버거움을 들어주는 일이다.

쓴맛이 사는 맛

채현국(문화운동가)

언론학자 이진순은 〈한겨레〉 토요판에서 "노인들이 저 모양이란 걸 잘 봐두어라"라고 채현국(1935~2021년)이 피부은 거침없는 이야기를 다뤘다.

이진순은 바로 들이댔다. 왜 인터뷰를 마다하느냐고.

"내가 탄광을 한 사람인데……. 사람들이 많이 다치고 죽었다. 난 칭찬받는 일이나 이름나는 일에 끼면 안 된다."

다른 탄광도 마찬가지 아니었느냐는 얘기에 "결국은 내 책임이지. 자연재해도 아니고…"라 답했다. 그리고 왜 사람들을 도운 사실을 숨기느냐고 물었더니 이랬다.

"난 도운 적 없다. 도움이란 남 일을 할 때 쓰는 말이지. 난 내 몫, 내 일을 한 거다. 누가 내 도움을 받았다고 말하는지는 몰라도 나까지 그렇게 생각하면 내가 썩는 길이다. 내 일인데 남 위해 했다고 하면, 위선이 된다."

채현국은 대구에서 태어나 서울사대부고를 졸업하고 서울대학교 철학과를 나와 꾸부러지고 틀어진 이 시대와 맨몸으로 맞선 지식인이다. 아버지가 운영하던 '흥국탄광'을 이어받아 살림을 맡았다. 겉으로 드러내지 않으면서 군사정권에서 지명수배를 받거나 도망 다니는 사람들을 숨겨주고 독재에 맞서는 지식인과 학생, 문인들을 앞으로 나서서 또는 숨어서 도왔다.

흥국탄광은 아버지 효암 채기엽(1907~1987년)이 1953년에 세웠다. 채현국은 이때부터 서울에서 연탄공장을 하며 아버지를 도왔고, 10여 년 뒤에는 탄광에 내려가 1973년까지 경영을 한다. 강원도 도계에 있던 흥국탄광은 민주 인사들에게 피난처였다. 언론인 임재경에 따르면 채현국은 맘에 맞는 친구들에게 밥과 술을 사주며 헤어질 때 차비를 쥐여주는 데 그치지 않고, 셋방살이하는 벗에게 조그마한 집을 한 채씩 사줬다고 한다.

대학 시절 연극을 한 채현국은 이순재와 KBS 공채 1기였다. 군사정권 때 영화를 찍기로 했는데 대본을 보니 박정희를 떠받드는 줄거리였다.

'아이쿠! 이걸 어쩌나. 못하겠다고 하면 중정에 끌려가 치도

곤 치기 쉽겠구나.'

그런 생각이 들었지만, 채현국은 "아무리 그래도 이 따위를 할 수는 없다"며 강원도 탄광으로 내려갔다.

타협하지 않고 뚜벅뚜벅 제 길을 걸어온 채현국은 고상한 말투나 옷차림으로 꾸미려 들지 않았으며, 마음에 들지 않는 세상에 거침없이 욕을 해댔다. 국회의원을 지냈던 남재희는 채현국을 가리켜 '거리 철학자, 당대 기인'이라 불렀다.

"옷도 막 입고, 말도 막 하고, 술도 막 마신다. 집안에 돈이 없었으면 천상병 시인과 비슷해졌을 것이다."

그러면서 아버지 채기엽이 제2차 세계대전이 끝날 때 학병으로 갔던 우리 학도들이 상해에서 어찌할 바를 모를 때 잠자리와 끼니를 거저 줬는데, 그 사이에 소설가 이병주도 있었다고 전한다. 이처럼 채기엽은 일제강점기에 독립지사 활동 자금을 댔으며, 세상을 떠나는 날까지 민주 인사들을 꾸준히 도왔다.

1961년, 박정희는 반국가 반혁명 신문이라며 민족일보를 강제 종간하고 사장 조용수(1930~1961년)를 "무분별한 평화통일론을 펼쳐 북한을 이롭게 한다"는 혐의로 기소, 사형시킨다. 그때 민족일보 편집부장이던 이종률은 10년 형을 받고 옥살이를 하다 1965년 12월 형집행정지로 풀려났지만, 시퍼런 서슬에 몸을 둘 곳이 없었다. 이때 개운중학교와 웅상학원을 사들인 채기엽

이 이종률을 개운중학교 교장으로 불렀다

교정에 '쓴맛이 사는 맛'이라 새긴 돌이 있는 효암학원은 교사 백여 명 가운데 50%가 넘는 이들이 전교조원이며, 전교조원이 교장으로 있다. 전교조 위원장을 지낸 정해숙은 효암학원을 이렇게 말한다.

"사립학교법을 악용하는 기숙형 사립고 비리가 끊이지 않는데, 효암재단은 바람직한 운영을 하고 있어 놀랐다. 기숙사에는 학생들이 편하게 공부할 수 있는 시설과 분위기가 잘 갖춰져 있다. 어느 현장에서든 지도력이 얼마나 중요한지 실감한 사례였다."

어느 날, 모자를 눌러쓴 채 나무를 손질하고 있는 채현국과 중학생 사이에 이런 대화가 오갔다.

"할아버지는 누구세요?"

"응, 나? 나무 손질하는 할아버지다."

"그런데 왜 우리 선생님들이 할아버지한테 인사를 잘해요?"

"그건 선생님들이 훌륭하시니까 그렇지."

가까운 사람들은 이사장 채현국이 효암학원에 내려와 묵는 잠자리가 마치 1970년대 여인숙 같더라고 했다. 누추하지 않으냐는 물음에 "나는 탄광에서 살았는데요, 뭘"이라 했다는 채현국은 다음과 같은 말을 남겼다.

"나는 유명해지지 않으려 했다. 이름이 알려지면 거짓말을 하기 때문이다."

"권력이 종교를 만든다."

"햇빛이 있으면 반드시 그늘이 있듯이 옳은 소리에는 반드시 오류가 있는 법!"

"개인 재산이 어딨나? 다 이 세상 것이다. 자식한테 물려줄 게 아니다. 애초부터 내 것이 아닌데 더 잘 쓰는 사람한테 그냥 주면 되지."

"모든 건 이기면 썩는다. 예외는 없다. 돈이나 권력은 마술 같아서, 아무리 작은 것이라도 휘두르기 시작하면 썩는다."

우리는 재봉틀이 아니다!

전태일(노동자)

우리는 재봉틀이 아니다!

1970년 11월 13일, 전태일 열사(1948~1970년)가 제 몸을 불사르며 남긴 말이다. 오랜 세월이 흘렀으니 나아졌을까? 노동자는 여태도 힘겹다. 법원에서는 파업으로 빚어진 손실을 노동자에게 물리는 판결이 이어진다.

전태일이 온몸에 화상을 입고 병원에서 죽어가며 한 말은 "배가 고프다"였다. 40여 년 전 커피 한 잔 값 50원은 평화시장에서 일하던 봉제 시다가 뼈 빠지게 하루 14시간 노동을 하고 받던 돈이었다. 1969년, 전태일은 '바보회'를 만든다. 스스로 삶을 이끌지 못하고 힘에 무릎 꿇어 사람이 연장이 되어버린 시대에 사람임을 부르짖고 나선 바보들이 모인 '바보회'는 다방에서 열렸다. 따로 사무실을 차릴 형편이 안 됐던 가난한 노동자들로서는 다른 방법이 없었다. 공식 이름은 '삼동회'로 옷을 만들어 파는 세 군데 상가 재단사들이 모였다는 뜻이다.

자그마한 전태일은 별났다. 걸음이 무척 빠르고 늘 밝았다. 날마다 저녁 이불 밑에 양복바지를 깔아놓았다가 아침이면 빳빳이 줄이 선 바지를 입고 나올 만큼 깔끔했다. 생각이 깊고, 험한 말은 쓰지 않았으며, 누구 앞에서도 주눅 드는 법 없었다. 무엇보다 여공들에게 잘하다 보니 '마구 부리지 않는다'고 툭하면 잘렸다.

전태일은 어떻게 하면 평화시장 여공들이 더 나은 조건에서 일할 수 있을지 고민했다.

> 안녕하십니까?
>
> 직접 찾아뵙지 못하고 지면을 빌리어 인사 올리게 됨을 넓으신 아량으로 이해하십시오. 본사는 금번 평화시장 피복계에 일대 센세이숀을 일으킨 태일 피복입니다. (…) 모토는 정직입니다. 종업원을 하등의 차이 없이 대우하고도 사업을 해나갈 수 있다는 기본을 보이기 위한 기업체입니다. 많은 충고와 사랑이 있으시길 기다립니다. 감사합니다.
>
> 태일 피복 대표 전태일.

1969년 11월 1일 일기장에 남긴 꿈이었다. 버릴 수 없던 희망이 일기장에 소복하다.

> 존경하는 대통령 각하.
>
> 옥체 안녕하시옵니까?
>
> 저는 서울특별시 성북구 쌍문동 208번지 2통 5반에 거주하는 22살 된 청년입니다.
>
> 직업은 의류 계통 재단사로서 5년의 경력을 가지고 있습니다. (…) 2만여 명이 넘는 종업원 40%를 차지하는 시다공들은 평균 연령이 15세의 어린이들로서 (…) 하루 90원 내지 100원을 받으며 1일 16시간 작업을 합니다. (…)
>
> 저 착하디착하고 깨끗한 동심들을 더 상하기 전에 보호하십시오.

전태일이 대통령에게 쓴 편지다.

1960년대 말 청계천에 있던 작은 공장 2천여 개에서 만드는 옷들은 불티나게 팔렸다. 그러나 이만 칠천여 노동자들에게 돌아오는 것은 끔찍한 노동과 가난뿐이었다. 하루 평균 14시간에서 16시간을 일해야 했고, 일요일도 국경일도 없이 내내 시달렸다. 명절 때도 겨우 사흘 쉬는 데 그쳤다.

좁아터진 공장은 숨을 쉬기도 힘들 만큼 먼지가 많았다. 청계천 생활 몇 년 만에 폐병에 걸려 죽어 나가는 어린 여성들이 숱했지만, 보상이나 산재보험은 꿈도 꾸지 못했다. 재봉틀 바늘이 손톱에 박히면 펜치로 빼버리고 미싱 기름을 발라준 뒤 다시 일을 시켰다. 예나 이제나 끔찍하게 짓밟힌 기본권을 찾는 일은 오롯이 노동자 몫이었다.

1970년 11월 13일 정오. 청년 몇 사람이 평화시장 곳곳을 뛰어다니며 소리쳤다.

"나오세요! 좋은 구경거리가 있으니 국민은행 앞 구름다리로 나오세요!"

삼동회원들이었다. 사람들이 구름처럼 모여들고, 낌새를 알아챈 형사와 신문기자들이 서성댔다. 그때 "일주일에 한 번만이라도 햇빛을!", "우리는 재봉틀이 아니다!" 같은 글귀가 적바림된 종이 펼침막을 들고 삼동회원들이 뛰쳐나왔다. 그러나 기다리던 경찰과 형사들에게 곧바로 붙잡히고 말았다.

흥분해서 형사들과 몸싸움을 하는 회원들 가운데서도 전태일은 침착했다.

"너희들 먼저 내려가서 담뱃가게 옆에서 기다려라. 난 이따 갈 테니."

별생각 없이 회원들이 먼저 내려가고 얼마나 지났을까.

"근로기준법을 준수하라!"

전태일이 소리치며 불길에 휩싸여 달려 나왔다.

"일요일은 쉬게 하라! 노동자를 혹사시키지 마라!"

외치며 불길과 함께 엎어졌다.

"내 죽음을 헛되이 하지 말라!"

쓰러지면서 남긴 말이었다.

전태일이 병원으로 실려 가고 남은 회원들은 "하루 16시간 노동이 웬 말이냐?", "근로자도 사람이다! 사람답게 살게 하라!"며 울부짖었다. 그러나 안타깝게도 기다리던 경찰 곤봉과 구둣발에 짓밟혀 끌려갔다.

병원에서 아들 주검을 지키던 어머니 이소선에게 정부는 작은 빌딩을 한 채 살 만한 돈을 내밀며 조용히 장례를 치르라고 했다. 이소선은 돈다발을 집어 던지며 아들 뜻을 이룰 때까지 싸우겠다고 다졌다. 이소선은 삼동회원들과 함께 청계피복 노동조합을 만들어 아들이 품은 뜻을 이어갔다. 2012년 세상을 떠날 때까지 40여 년을 '한국 노동자의 어머니'로 거룩한 삶을 마쳤다.

1948년 대구에서 태어난 전태일은 1965년 평화시장 수습공으로 취직해 1967년 재단사가 됐다. 1968년 근로 조건을 고치려고 '바보회'를 만들었고, 1970년 겨울 평화시장 네거리에서 근로기준법을 지키라고 외치며 목숨을 끊었다. 전태일이 그리던 삶은 "오늘보다 나은 내일"이었다.

4만 7천 원이 빚은 기적

배춘환(시민모임 대표)

2013년 11월 29일, 수원지법 평택지원 제1민사부는 금속노조·쌍용차지부·시민사회단체 사람들에게 회사와 경찰에 손해를 끼쳤으니 모두 46억 8천800만 원을 배상하라고 판결했다. 경제협력개발기구 나라 가운데 헌법이 보장한 쟁의(단순 파업)를 짚어 파업 참여자에게 민사 책임을 묻는 나라는 오직 대한민국뿐이다.

정당한 쟁의는 손해배상 책임을 벗어난다지만, 우리 법원이 받아들이는 정당한 쟁의는 폭이 터무니없이 옹색하다. 노동조합법에서는 임금, 노동시간, 복지 따위 노동 조건을 결정할 때 일어난 분쟁만 합법으로 여길 뿐 생존권에 직접 영향을 끼치는 '고용, 해고' 때문에 일어난 파업은 다 불법이다. 손해배상에 따른 가압류는 파업을 한 노동자들은 말할 것도 없이 식구 목숨까지 억누르는 무기다. 길고 긴 민사재판으로 멀쩡한 사람이, 식구들이, 공동체가 무너져 내렸다.

2013년 12월, 곧 세 아이 엄마가 된다는 서른아홉 살 배춘환 씨는 법원이 쌍용차 해고노동자들에게 47억 원 손해를 배상하라는 판결을 내렸다는 보도를 보고 〈시사IN〉 편집국장에게 편지를 보냈다.

> 해고 노동자에게 47억 원 손해를 배상하라는 이 나라에서 셋째를 낳을 생각을 하니 갑갑해서, 작지만 제가 할 수 있는 일을 시작하고 싶어서입니다.
> 47억 원……. 듣도 보도 못한 돈이라 여러 번 계산기를 두들겨봤더니 4만 7천 원씩 10만 명이면 되더라고요. 법원에 한꺼번에 내야 하는지는 잘 모르겠는데, 우선 이 돈 4만 7천 원부터 내주실 수 있나요?
> 나머지 9만 9천999명분은 제가 또 틈틈이 보내드리든가 다른 9만 9천999명이 계시길 희망할 뿐입니다.

"아내로서, 애 키우는 엄마로서, 육아로 경력이 단절된 여자로서 보낸 돈"이라며 아이 태권도장에 보낼 돈을 보낸다는 편지에는 4만 7천 원이 담겨 있었다. 빼앗긴 월급을 되찾아주고 싶다며 보낸 편지에 가지런히 담긴 어머니 마음은 이러했다.

> 보증금 2천만 원에 80만 원으로 시작했던 신혼 생활, 결혼 7년 만에 빚 수천만 원을 떠안고 산 아파트 원금과 이자, 배 속에서 자라고 있는 셋째, 과로로 우울증에 시달리는 남편…….
> 나는 이것만으로도 벅찬데, 저 사람들은 얼마나 막막할까 하는 생각이 들었어요. 저 사람들 아이들은 또 어떡하지 싶고. 나처럼 저 사람들도 가족이 저녁에 같이 밥 먹고, 밤에는 푹 쉬고, 그리고 아침에 출근하고… 이런 꿈을 꾸지 않을까 싶어서…….

〈시사IN〉에 사연이 나가자 사람들이 움직였다. 4만 7천 원을 넣은 편지, 함께할 길을 알려달라는 메일과 SNS 메시지, 모금 계좌번호를 내놓으라는 전화가 이어졌다. 그러나 현행법으로는 언론사가 일정액이 넘는 모금을 이끌 수 없기에 〈시사IN〉은 아름다운재단에 모금 의뢰를 했다. 뜻을 이어받은 아름다운재단은 쌍용차 노동자뿐만 아니라 손해배상에 짓눌린 노동자 식구 생계비, 의료비를 내주기로 가닥을 잡았다.

〈시사IN〉 임직원과 노동조합이 470만 원을 모아 종잣돈을 보탰다. 모금 사이트 '지켜주세요. 노란봉투의 추억' 개미 스폰서가 문을 연 것은 2월 10일. 주부 배춘환이 건넨 불씨 4만 7천 원이 빚은 불꽃이 조용히 그러나 뜨겁게 타올랐다. 아름다운재단에서 모금 업무를 맡은 서경원 모금팀장은 이렇게 털어놨다.

"모금 페이스가 빨라서 놀랐어요. 하루에 1천만 원이 넘게 들어온 날도 있었으니, 대단히 뜨거운 열기다 싶습니다."

제주도에서도 편지가 날아들었다. 가수 이효리는 손글씨로 곱다라니 적은 편지에 이렇게 마음을 담아 보냈다.

> 한 아이 엄마 편지가 저를 부끄럽게 만들었습니다. 아이 학원비를 아껴 보낸 4만 7천 원, 해고 노동자들이 선고받은 손해배상 47억 원, 10만 명이 모이면 그들과 식구들을 살릴 수 있지 않겠느냐는 편지가 너무나 선하고 순수해서 눈물이 났습니다. (…)
> 적은 돈이라 부끄럽지만, 한 아이 엄마 4만 7천 원이 제게 불씨가 됐듯 제 4만 7천 원이 누군가의 어깨를 두드리길 바랍니다.

편지가 널리 알려진 날에는 하루에 2천 명이 넘는 사람이 함께해 1억 원이 넘는 돈이 쏟아져 들어왔다. 모금 시작 16일 만에 1차 목표 4억 7천만 원을 가뿟이 넘겼다.

배춘환 씨 식구 네 사람 마음을 모아 보냈기 때문일까? 식구끼리, 친구끼리, 연인끼리 모아 보낸 성금이 적지 않다. 강원도 춘천에 사는 이재호 씨는 배춘환 씨 편지를 보고 저녁을 먹으면서 초등학교에 다니는 두 아들에게 얘기를 꺼냈더니, 일주일에 용돈 2천 원을 받는 두 아들이 흔쾌히 지갑에서 1만 원을 꺼냈단다. 9년 차 연인 남지혜·김주형 씨 커플도 4만 7천 원을 모아 냈다. 대학생 유서영 씨도 "학생 처지에 4만 7천 원이 부담되지만, 여럿이서 함께하는 것도 좋다고 생각했다"며 친구들과 주머니를 털었다.

그 밖에도 수많은 배춘환 들은 "술을 하루 참고", "외식을 건너뛰고", "데이트 한 번 생략하고", "십일조 대신", "까짓 두 달 에센스 없이 살겠다"며 주머니에서 4만 7천 원씩을 꺼냈다. 어느 배춘환은 "명목이 그분들을 보듬는 일이지만, 하고 나니 누구보다 나를 감싸는 일이다. 이 멋진 일에 함께해 기분이 좋아진, 효율로 따지면 내놓은 돈에 견줄 수 없는 으뜸 기부"라 했다.

"더는 이런 일로 누군가가 죽지 않았으면 좋겠다"는 마음으로 써 내려간 또 다른 편지 봉투처럼 '노란 희망봉투'가 '노란 해고봉투'를 밀어내고, 설레는 '노란 월급봉투'로 되돌아갈 날을 기대한다는 아름다운재단 서경원 팀장은 이렇게 덧붙였다.

"정말 특이한 게, 기부하는 분들이 '미안하다', '고맙다' 이런 말을 정말 많이 하세요. 제 돈을 내면서 미안해하고 고마워하는 분들이 이렇게나 많은 것은, 늘 이 일을 하는 저희도 처음 겪습니다."

보통 아내이자 보통 엄마 배춘환, 보통 남편이자 아빠 김영민 그리고 두 아이가 손오공이 되어 수많은 엄마, 아빠 그리고 아이들로 피어올랐다. 생각지 못한 곳에서도 메아리가 돌아왔다. 〈시사IN〉 주진우 기자와 인터뷰하던 세계 석학 촘스키 교수가 4만 7천 원 캠페인 소식에 47달러가 든 봉투를 건넸다. 미국 유학을 하던 한국 최초 우주인 이소연 씨도 50달러를 보탰다.

우리 얼, 우리 말을 살리다

한창기(출판인)

오늘 한국을 주름잡는 사람들 사람 됨은 이미 여러 십 년 전에 이뤄졌어요. 어제에 배운 바가 이제에 하는 바를 결정하니까요. 오늘 어린이가 우리나라 앞날을 결정짓는다고 말하는 것처럼 막연하게 외치기 쉬운 말은 드물죠. 이 참뜻을 헤아리고 그들이 받는 교육이 우리가 받은 교육보다도 낫게 하기는 앞선 이의 실천이 따라야 해요. 새 세대가 주어진 여건에서 더 슬기롭게 반응할 수 있도록 하려는 교육은 우리가 오늘날에 누리고자 하는 물질의 넉넉함보다도 더욱 중요하지요. 우리가 받은 교육이 '외우기' 공부였다면, 새 세대 교육은 '생각하기' 공부이어야 해요. 생각하는 세대는 제도를 부리지 제도에 기대지 않아요.

우리 말과 얼을 곁고이 이으려 애썼던 앵보 한창기(1936~1997년) 선생이 한 말씀을 끝말 '다'를 선생이 바라마지 않던 입말 '요'로 바꿔 읽었다. 한창기 선생이 남긴 말씀은 세월이 흐를수록 빛나지만, 그 가운데서도 "새 세대 교육은 '헤아리기' 공부이어야 한다. 헤아리는 세대는 제도를 부리지 제도에 기대지 않는다"며 '헤아리는 사람이 알짬'이라는 말씀은 더욱 사무친다.

한창기는 전남 보성 벌교에서 태어나 순천중학교, 광주고등학교를 나와 서울대학교 법대에 들어갔으나 판·검사를 하기에는 제 재능이 아깝다고 생각했다. 한창기는 영어를 썩 잘했다. 후버트 험프리 전 미국 부통령이 "내가 만난 비영어권 사람 가운데 가장 영어를 잘한다"고 할 만큼. 중·고등학교 때부터 라디오로 '미국의 소리'를 들으며 독학하고, 가난 때문에 과외 교사를 하면서 참고서를 통째로 외웠기 때문이란다.

한창기는 미국 시카고 브리태니커 본사에 이태나 편지를 보내서 백과사전을 팔 자격을 따내어 한국브리태니커를 만들었다. 1970년 사장이 되고 나서 이듬해 "나이가 몇 살이건, 고향이 어디건, 어느 학교를 나왔건, 지난날 무슨 일을 했건 스스로 똑똑하다 생각하는 사람, 힘이 있는데 아무도 안 알아준다고 여기는 사람은 소개서를 써 보내라"고 해 사원을 뽑는다. 한창기는 출판계에 방문판매를 받아들여 윤석금(웅진), 김낙천(고려원)을 비롯한 숱한 영업 장인을 기른다.

한창기는 브리태니커 전설에 머물지 않고 본사에 "미국 상품만 팔면 한국에서 반미운동이 일어날지 모른다"고 드잡이해 한글 잡지 〈배움나무〉를 내놓는다. 그리고 다섯 해 뒤, 1976년엔 우리 출판계에서 기념비가 되는 잡지 〈뿌리깊은 나무〉를 펴낸다. 〈뿌리깊은 나무〉가 처음 세상에 얼굴을 내민 것은 쿠데타로 정권을 잡은 박정희가 긴급조치를 내려 서슬이 시퍼럴 때였다. 〈뿌리깊은 나무〉는 '문화' 힘을 빌려 꼿꼿하고 정갈한 제 목소리를 냈다. 창간사에 그 마음이 오롯하다.

> 잘사는 것은 넉넉한 살림뿐만이 아니라 마음의 안정도 누리고 사는 것이겠습니다. '어제'까지의 우리가 안정은 있었으되 가난했다면, 오늘 우리는 물질 가치로는 더 가멸돼 안정이 모자랍니다. 곧, 우리가 누리거나 겪어온 변화는 우리에게 없던 것을 가져다주고 우리에게 있던 것을 빼앗아 가는지도 모릅니다. 그러나 우리가 '잘사는' 일은 헐벗음과 굶주림에서뿐만이 아니라 억울함과 무서움에서도 벗어나는 일입니다. 안정을 지키면서 변화를 맞을 슬기를 주는 저력 - 그것은 곧 문화입니다.

〈뿌리깊은 나무〉는 우리나라에서는 처음으로 가로쓰기를 하고 우리말로 빚은 잡지로 글꼴, 편집 디자인이란 개념을 처음 받아들여 뿌리내린다. 어려운 한자어나 외국 말을 토박이말로 바꾸고, 일본 말이나 서양 말이 뒤엉켜 지저분해진 글월을 우리말 짜임새로 바꾸려고 잔뜩 조인다. 원칙이 뚜렷했다. '초등학교를 나온 이라면 누구나 쉽게 읽을 수 있는 글'이어야 한다는 굳은 믿음이다.

거기에 머물지 않고 한 걸음 더 나아가 "일을 한번 제대로 하려면 돈을 낙엽처럼 태울 줄 알아야 한다"며 판소리 전집과 민요 음반을 만들고, 놋그릇 반상기와 전통 옹기를 되살리며 진짜배기를 뜨겁게 사랑했던 한창기. 판소리, 녹차, 전통, 방짜유기, 옹기, 한복, 한옥 들은 한창기가 없었다면 이미 본디 모습을 잃어버렸을 것이라고 할 만큼 출판에서 전통문화에 이르기까지 처절한 민초 속에 있던 진짜 옛것을 살려냈다.

1980년 8월 신군부가 〈뿌리깊은 나무〉를 강제로 폐간시키자 이 잡지를 만들던 사람들과 함께 《민중자서전》 시리즈 20권을 빚어냈다. 이로써 우리말과 풍속을 고스란히 되살려 배운 바 없고 볼품없는 민초, 전통 직업인이 낸 목소리를 풀어내 한 생애를 글로 되살리는 데 힘썼다.

1983년에는 남한 땅 곳곳을 발로 누벼 적바림한 인문지리지《한국의 발견》11권을 고스란히 빚어냈다. 한창기는 이 책을 《대동지지》를 만들었던 고산자 김정호에게 바쳐 그이가 남긴 큰 뜻과 위대한 업적을 기렸다. 이 책은 조선《동국여지승람》이래 가장 참다운 인문지리지라는 얘기를 듣고 있다.

한창기는 잡지뿐만 아니라 수많은 전집과 단행본,《민중자서전》시리즈,《한국의 발견》시리즈,《판소리 다섯 마당》같은 출판물을 디자인할 때 "디자인은 아주 잘하거나 아예 하지 말아야 한다"고 부르짖으며 자를 들고 다니면서 교정쇄 점 하나까지 꼼꼼히 살폈다.

〈뿌리깊은 나무〉 초대 편집장 윤구병은 이렇게 돌아봤다.

> 우리 문화와 말에 깊은 애정을 느끼고 그것을 잇고 널리 퍼뜨리려고 애쓴 분을 한창기 선생 말고는 다시는 보지 못했다. 선생은 원어민 못지않게 영어에 능통한 분이다. 그렇지만 외국 문화에 쏠리지 않고 우리 문화, 우리말에 깊이 매달려 갇힌 곳이 아닌 열린 데서 열린 문화를 만나면서 우리말 질서, 문화 중요성을 깨달은 분이다.
>
> 선생은 가장 현대 마음새를 가진 사람이고, 현대문명과 가장 많이 맞댄 사람이지만, 거기서 등을 돌리고 전통 가운데에서도 뿌리라고 할 수 있는 농촌 삶으로 되돌아간 사람으

> 로 참다운 현대성은 우리 전통문화에서 찾아야 한다고 생각해, 자연에서 살아온 우리 조상들이 자연스럽게 꽃피운 문화야말로 참된 현대성을 지닌 문화라고 봤다.

"역사 물줄기에 휘말려 들지 않고 도랑을 파기도 하고 보를 막기도 해서 그 흐름에 조금이라도 새로움을 주는 일"이 창조라고 헤아렸던 한창기. 사물 겉멋을 넘어 그 깊은 속내까지 꿰뚫는 사람이었다. 시인 장석주는 이렇게 돌아본다.

> 한창기가 생각이 앞선 것은 남보다 머리가 좋기 때문이 아니라 돌고 도는 세상 형편 바른 이치를 있는 그대로 볼 줄 안 까닭이고, 남들이 보지 않는 등잔 밑도 꼼꼼하게 살피는 사려 깊은 까닭이고, 따지고 짚는 일에 게으르지 않은 까닭이다.

한창기는 1983년 군복무를 하지 않겠다며 옥살이를 하는 '여호와의 증인'을 세상 사람들이 다 나무라고 꾸짖을 때 "바깥사람 눈에는 그른 믿음으로 비칠 수도 있지만, 제 양심에 따라 감방 가는 일을 마다하지 않는 이들이 '올바름 실천'일 수도 있다"고 말한다. 그러므로 "이들이 이녁 생각과 크게 다르다고 해도

'사람으로는 따뜻하게 대접'하는 것이 마땅하다"고 했다. 그 뒤로 스물네 해나 지난 뒤 고쳐야 한다는 유엔인권위원회 이야기를 듣고 나서야 나라 살림꾼들은 부랴부랴 양심에 따른 병역거부자 대체복무제를 내놓았다.

이처럼 한창기는 여러 십 해 전에 이미 '남과 다를 권리'를 내세우며, "모나면 정 맞을까 무서워 앞으로 나아가는 새로운 결정 내리기를 꺼리고, 힘 있는 젊은이들이 '건방지기' 싫어 위선 울타리 안에 갇혀 있다"고 드잡이했다. 갈피를 잡지 못하는 이 시대, 한창기와 같은 이가 더욱 그리운 까닭이다.

일하는 방법을 디자인하다

엔조 마리(디자이너)

사람이 사는 데 없어서는 안 될 가구는 스스로 만들어 쓸 수 있어야 한다. 우리는 소비 사회에서 점점 바보가 되어간다.

이탈리아를 생각하면 떠오르는 디자이너 엔조 마리Enzo Mari(1932~2020년)가 남긴 말이다. 제 앞가림을 할 줄 알아야 어른이다. 그러나 현대를 사는 이들, 특히 도시 사람들은 제 손으로 무엇을 만드는 일에 서투르다. 결과만이 아닌 과정을 바로 세운 디자인이 본질이라고 여기는 엔조 마리가 1974년 내놓은 '아우토프로제타지오네Autoprogettazione'는 '스스로 만드는 디자인'이라는 뜻이다.

엔조 마리는 걸상, 탁자, 책장을 비롯한 가구 설계도면 열아홉 가지를 저작권 없이 내놓았다. 누구든 없어서는 안 될 물건은 만들어 쓸 수 있어야 한다는 생각에서다. 판자와 각목, 못과 톱, 망치만 있으면 누구나 엔조 마리가 내놓은 도면으로 만들어 쓸 수 있다. 2014년 동대문디자인플라자DDP 개관 기념 한국 전시에는 엔조 마리가 내놓은 열아홉 가지 도면을 보고 서울과학기술대학교 디자인학과 학생들이 만든 가구 10점이 선보였다.

> 프로젝트 품질이라는 것은 창조력에 따라 결정되는데, 창조력은 몸을 놀려 찾아내는 것이므로 몸을 움직이기에 앞서 미리 알기는 어렵다. 지성은 손에서 태어나는 것이다.

엔조 마리가 남긴 말이다. 원형을 찾으려고 거듭 애를 썼으며, 돈이 많든 가난하든 가리지 않고 누구나 더불어 쓸 수 있는 쓰임새를 가진 물건을 만들려 했던 엔조 마리는 기업가, 디자이너, 노동자가 가지런하게 움직여 빚은 쓸모를 가리켜 '유토피아'라 했다. 언제나 '물건을 만드는 과정'과 '이를 만드는 사람'을 내세우는 뜻은 지역문화와 가지런히 어울려 꽃을 피운다.

1995년, 독일 왕립 자기 제도소KPM와 공동 개발한 '베를린 시리즈'는 그저 새로운 모양새를 만들어내는 데 그치지 않고 장인을 떠받드는 연구과제였다. 전통 도자기 생산지인 이탈리아 남부 비에트리, 일본 나가사키현 하사미에서도 그곳에서 일하는 장인들이 스스로 문화를 빚어 일으키도록 힘썼다. 덧붙여 세 해 동안 일본에서 가장 오래된 나무 가구회사 '히다산업'과 함께한 '히다 프로젝트' 역시 장인문화가 사라지는 것이 안타까워 비롯한 일로 수공업 장인들과 함께 '빚는 즐거움'을 되새겼다. "만드는 사람이 즐거워야 디자인도 좋다"는 것이 엔조 마리 생각이다. '만드는 결을 보듬는 디자인'은 도자기를 만들더라도 반죽을 하나씩 쌓아 모양새가 어떻게 꾸며지는지 보여줬다. 기계처럼 똑같은 손질을 거듭하던 도자기 직공들에게 창조력을 내뿜도록 했다.

일본 디자이너 나가이 게이지는 이와 같은 엔조 마리를 이렇게 말한다.

"물건을 디자인했다기보다는 '일하는 방법'을 디자인했다고 생각한다. 같은 기계를 쓰더라도 더 아름답고 더 편하게 만들 수 있는 틀을 만들고자 한 것이다."

1932년, 이탈리아 북부 피테몬테주에 있는 노바라에서 태어난 엔조 마리가 스무 살 때 밀라노에 있는 브레라 미술 아카데미에 들어가 배운 것은 디자인이 아니라 문학과 예술이었다. 디자인은 학교 정규 과정이나 스승에게 배운 적 없이 스스로 익혔다.

독일이 일으킨 전쟁으로 유럽 곳곳에서 희생된 유대인을 비롯해 그 30배가 넘는 많은 희생자가 생겼습니다. 전쟁이 끝났을 때 저는 열네 살이었습니다. 나치는 열세 살, 열네 살이 고작이던 동무들 목을 철사로 두 번 감아 손에 쥔 뒤 발로 가슴을 밀고 철삿줄을 힘껏 당겼습니다. 제 눈앞에서 벌어진 이런 기억을 떠올리는 것은 너무 힘겨운 일입니다. 전쟁은 1945년에 끝났으나 삶은 비참했습니다. 그때 제가 어땠는지 아세요? 신발 밑창이 떨어져 철삿줄로 묶어 신고 다녔습니다.

전쟁이 휩쓸고 간 잿더미에 남은 이들은 그나마 피해가 적은 토리노와 밀라노로 모여들었습니다. 토리노에는 피아트라는 자동차 회사가 있어 많은 사람이 공장 노동자가 되었죠. 그러나 밀라노에 온 사람들은 피아트 같은 큰 회사는 그만두고라도 가정용 소비 제품을 만드는 공장조차 찾을 수 없었습니다. 겨우 숙련된 장인들이 운영하는 작은 공방이 남아 있었습니다. 적지 않은 사람들이 그런 곳에서 일자리를 찾았습니다.

엔조 마리는 이탈리아 디자인이 어떻게 움텄는지를 말하고 있다. 작은 공방 노동자들은 학교에서 제대로 된 교육을 받은 적이 없거나 수준 낮은 교육을 받았을 뿐이다. 그러나 빼어난 기술을 갖고 있던 이들은 가난한 사람들도 함께 쓸 수 있는 물건을 만들어내기 시작했다. 밀라노는 물론 이탈리아에도 변변한 공장이나 회사가 드물었던 만큼 나라 안은 말할 것도 없이 가까운 유럽에서 주문이 들어왔다. 그이들은 훌륭한 공예가였지만, 인건비가 유럽에서 가장 낮았던 이탈리아는 요즈음 중국과 닮았다. 그이들이 만든 물건은 독일 제품처럼 반듯한 규칙도 없었지만 뭔가 느낌이 달랐다. 여기서 이탈리아 '근대 디자인'이 태어났다.

엔조 마리는 디자인은 예술가나 건축가가 만든 것이 아니라 '수공업자'가 만든 것이라고 힘주어 이야기하며 몸으로 빚은, 모든 이가 두루 쓸 수 있는 디자인을 으뜸으로 친다. 이것이 디자이너뿐 아니라 예술가이자 사상가, 철학가로도 불리는 엔조 마리 디자인 바탕이다. 엔조 마리는 되도록 적은 돈과 적은 재료로 쓰기 좋고 아름다운 제품을 만들었다. 의자에는 무게를 견딜 수 있을 만큼만 철이 들어갔고, 만들기 어렵지 않은 쿠션이 꼭 알맞게 만들어져 놓였다. 엔조 마리 디자인에서 가장 으뜸으로 치는 것은 '디자인된 사물'이 아니라 '사회에 없어서는 안 될 참된 쓸모'였다.

엔조 마리는 사람이 대상을 느끼고 알아가는 '시각 인지' 분야를 갈닦아 디자인에 담아냈다. 이 철학은 아이들을 보듬으려고 디자인한 교육 용품에서 더욱 빛났다. 엔조 마리 디자인은 그래픽 디자인, 산업 디자인, 건축, 도시 환경까지 무척 품이 넓었다. 그러나 뜻밖에도 엔조 마리는 디자인이라는 낱말을 싫어한다. 디자인이 지닌 뜻이 달라지고 빛이 바래면서 '쓸모를 만드는 일'이 아니라 '소비를 꾀려고 차이를 만드는 일'로 굴러떨어졌기 때문이다. 이탈리아 디자이너 에토레 소트사스Ettore Sottsass는 이를 '디자인 원죄'라 했고, 디자이너 엔조 마리가 살아낸 50년은 디자인을 이 '원죄'에서 벗어나게 하려는 데 있었다.

사람들은 오랜 옛날부터 없어서는 안 될 연장은 스스로 만들어 썼다. 엔조 마리는 이 원형과 본질은 변하지 않는다고 믿는다. 더는 줄일 수 없을 만큼 아주 적은 요소로 폭넓은 쓰임새를 지녀 시간이 흘러도 빛바래지 않는 원형을 만들려고 애써온 엔조 마리에게 디자인은 '쓰임새와 모양새 이음'이다.

거듭 되살림을 꿈꾸는 대장장이

이본 쉬나드(산악인, 기업인)

1957년, 미국 등반가들 사이에 이름 하나가 오르내렸다. 화덕과 연장을 차에 싣고 다니는 이 젊은이는 등반하면서 암벽을 타는데, 딱 맞는 장비를 만들어 팔기도 한다고. 이 젊은이가 이본 쉬나드Yvon Chouinard다. 1964년부터는 아예 등반 동료들과 함께 장비를 만들어 판다. 어디까지나 목적은 돈보다 산 타기였다. '쉬나드 등산 장비 회사' 카탈로그에는 등산철인 5월부터 11월 사이에는 빠른 납품을 바라지 말라는 말을 적어 넣을 만큼 등산에 빠져 있었다.

등산 장비는 사람 목숨과 바로 이어지며, 쉬나드는 스스로가 바로 으뜸 고객이기에 "이 장비에 내 목숨이 달려 있다"는 생각으로 장비를 만들었다. 등산 장비를 만들며 사업보다는 산을 더 좋아했던 쉬나드가 세계를 아우르는 아웃도어 회사 파타고니아 대표가 되었다. 고산지대 등반을 나선 동료들이 모진 추위에 숨을 거뒀다는 소식을 듣고 나서 '목숨을 살리는 등산복'을 만들어야 했기 때문이다. 파타고니아 사람들은 등산복을 단순한 '옷'이 아니라 '입는 장비'라고 말한다.

파타고니아에서는 아르바이트 직원에게도 종합건강보험을 들어준다. 쉬나드가 그랬듯이 아르바이트로 돈을 벌어서 모험을 즐기려는 스포츠광들을 회사로 끌어들이려는 생각에서였다. 이런 파타고니아 직원들에게 등산 장비는 단순한 상품이 아니라 산속에서 위태로움에 놓였을 때 살려줄 '목숨줄'이다. 아웃도어는 기능성과 간단함을 갖추고 수리가 쉬워야 한다.

더 적게 사게 해야 잘 사는 것Buy less, buy better.

이본 쉬나드가 내세운 경영철학이다. 그래서 파타고니아는 먼저 옷을 비롯한 장비를 디자인할 때 하나를 사서 여러모로 쓰게 하려고 힘을 쏟는다. 물건을 오래 쓰는 것은 가장 약한 부분이 얼마나 버티느냐에 달렸기에 파타고니아 연구소와 생산 현장에서는 어디가 먼저 닳는지 낱낱이 살핀 뒤, 그 부분을 튼튼하게 하면서 제품이 골고루 닳는다는 믿음이 설 때까지 거듭 실험한다.

아울러 관리와 세탁이 쉬운가를 살핀다. 옷이 환경에 미치는 영향 연구를 보면, 옷을 사고 난 뒤에 일어나는 문제가 옷을 만들고 운반할 때보다 환경을 네 곱절이나 더 더럽힌다고 한다. 그래서 여행복은 싱크대나 요리 냄비에 담아 빨아서 툭툭 털어 처마 밑에 널어 말려 입을 수 있어야 한다. 다림질은 전기 낭비, 뜨거운 물에 빨아도 에너지 낭비다. 또 드라이클리닝에는 독극물이 들어가니 되도록 하지 않아야 한다. 그래서 파타고니아 사람들은 다림질하지 않고, 찬물에 빨 수 있어야 하며, 드라이클리닝을 하지 않는 상품을 만드는 데 온 힘을 기울인다.

죽어버린 지구에서 할 수 있는 비즈니스는 없다.

미국 파타고니아 본사에 들어서자마자 눈에 들어오는 글귀다. 쉬나드는 회사를 세우고 얼마 되지 않아 주력 제품인 '피톤'이란 장비가 바위를 망가뜨린다는 사실을 깨닫고 만들기를 그만둔다. 이어서 '환경과 사람을 살리는' 제품을 만들겠다며 모든 제품 환경영향을 평가하고, 소재는 물론 생산에 쓰이는 해로운 물질을 모두 가려내어 다른 물질로 바꿔가고 있다.

파타고니아는 농약을 쳐서 기른 목화를 쓰지 않는다. 독성이 적은 염료를 쓰며, 쓰레기를 되살려 쓰고 페트병을 녹여 되쓴다. 쉬나드는 폴리에스터나 나일론 같은 소재로 바지를 만들어 닳아서 더는 입을 수 없게 되면 녹여서 다시 옷을 만들어 입는 거듭 되살림을 꿈꾼다.

금융위기를 맞은 2008년 11월, 미국 블랙프라이데이에 파타고니아에서는 "제발, 이 옷 사지 마세요"라는 광고를 한다. 파타고니아는 손님들에게 어떤 옷이든 사기 전에 깊이 생각하고 적게 사기를 바란다면서 이런 이야기를 나눈다.

> 페트병을 되살려 실을 뽑아 만드는 친환경 제품인 이 옷은 많은 자원이 들어간다. 이 옷에 쓰는 목화 생산에 들어가는 물 135리터는 마흔다섯 사람이 하루 세 컵씩 마실 수 있다. 이 옷에 쓰인 되살린 폴리에스터를 만드는 데 이산화탄소가 20파운드 나오는데, 이는 옷 무게보다 24배나 더 나간다. 그리고 물류창고로 오는 길에 이 옷 70%나 되는 쓰레기가 나온다.

그러면서 이렇게 외친다.

"이 옷은 아주 튼튼하게 만들어져서 새 옷을 사지 않아도 됩니다. 우리는 자연을 지키려고 여러 일을 했으나 아직도 해야 할 일이 많습니다. 그러니 그대에게 없어서는 안 될 옷이 아니라면 제발, 사지 마세요."

파타고니아는 1985년부터 이익 10%와 매출 1% 가운데 큰 돈을 환경을 지키는 데 내놓고, 직원들이 한 해에 두 달까지는 회사에 나오지 않고 환경운동을 해도 봉급을 줄 만큼 환경 지키기에 정성을 쏟는다. 또 파타고니아가 힘을 보태 댐이 없어진 곳에 연어가 돌아오고, 수백만 에이커가 자연보존지역이 되기도 했다.

이런 파타고니아가 맥주를 빚어서 판다. 어쩐 일일까? 파타고니아가 빚는 롱 루트 에일Long root ale은 밀맥주다. 흔히 밀맥주는 한해살이 밀로 빚는데, 롱 루트 에일을 빚는 컨자Kernza는 품종을 다듬어 만든 여러해살이 밀로 밭갈이를 다섯 해 만에 한 번밖에 하지 않아 이산화탄소를 5분의 1밖에 내뿜지 않는다.

파타고니아는 규모가 작았을 때부터 이본 쉬나드 부인이자 동업자인 멜린다가 우겨서 '태평양 어린이 개발센터'라는 직장 어린이집을 열어 아이들이 회사 마당에서 뛰놀고 엄마, 아빠와 함께 카페테리아에서 점심을 먹게 했다. 또 갓난아이를 둔 직원은 출퇴근 시간과 업무를 형편에 따라 자유로이 쓸 수 있게 했다. 이때 만든 회사 사규는 뒷날 연방 법률로 발전했다.

해마다 엄청난 매출을 올리는 중견기업 파타고니아는 아직도 비상장회사다. 상장하면 더 높은 수익을 가져가겠다고 흔드는 주주 등쌀에 파타고니아가 그동안 지켜온 '환경과 사람을 바탕에 둔 살림살이'가 뿌리부터 흔들릴 수도 있기 때문이다.

성공=사고방식×열정×능력

이나모리 가즈오(기업인)

빈사 상태에 빠진 일본항공JAL을 화려하게 부활시킨 '일본 경영신' 이나모리 가즈오(1932~2022년) 명예회장은 2013년 3월 퇴임했다. 하토야마 유키오 당시 일본 총리가 삼고초려 끝에 JAL 구원투수로 영입했던 이나모리 명예회장은 "보수는 한 푼도 받지 않고 딱 세 해만 일하겠다"고 한 말 그대로 세 해 동안 영업이익 5,773억 엔을 거두고 홀연히 떠났다.

JAL에 간 이나모리 회장은 밤마다 매니저들과 만나 경영철학을 나누며 유연성과 책임이 있는 '아메바경영'을 해야 한다고 힘주어 말했다고 했다. 아메바경영은 책을 하루에 다섯 권이나 읽는 독서광인 이나모리가 우연히 생물학책을 읽다가 환경이 바뀌는 데 따라 쪼개지고 모이는 아메바를 경영에 받아들여 만들었다. 조직은 독립채산제인데 작은 인원으로 묶인 아메바 조직이 이뤄야 할 목표를 이루지 못하면 그 아메바는 다른 아메바에 빨려 들어간다. 재미있는 것은 아메바와 아메바가 주고받는 모든 서비스에는 수수료가 붙어 복사비조차 수수료를 주고받을 만큼 철저한 독립채산제라는 점이다.

1932년 가고시마현에 있는 가난한 시골 집안에서 태어나 가고시마대학교 공학부를 졸업하고 작은 회사에서 기술자로 일하던 이나모리는 1959년 자본금 300만 엔으로 종업원 스물여덟 사람과 함께 교토세라믹주식회사(현 교세라)를 세운다. 교세라는 파인세라믹스라는 새로운 분야를 연 선견지명으로 출범하자마자 미국까지 진출해 전 세계에 221개 계열사를 두고, 육만이 넘는 직원을 거느린 글로벌 전자기업이다.

1984년 다이니덴덴DDI(현 KDDI)을 세워 일본 2위 통신업체로 자랐다. 당시 연매출 4조 엔에다 삼십삼만에 이르는 종업원이 있는 NTT에, 매출액 2천200억 엔에 종업원이 일만 일천 사람밖에 되지 않는 교세라가 맞서는 것은 골리앗과 다윗 싸움 같았다. 이나모리는 "힘에 부치더라도 장거리 전화요금은 반드시 내려야겠다"는 마음으로 반대를 무릅쓰고 맞붙었다. 이때 이나모리는 스스로 마음을 다지려고 밤마다 잠자리에 들기 전 묻고 또 물었다.

'내 이름을 남기고 싶은 마음 때문이 아닐까? 나라 사람을 이롭게 한다는 동기에 한 점 부끄러움이 없는가?'

스스로 묻고 답하기를 여섯 달, 세상과 사람들에게 모든 것을 바치고 싶다고 굳게 다지고 경제인 모임에서 "아무도 하지 않으면 내가 나서겠다"고 했을 때, 세콤 사장과 소니 사장이 선뜻 손을 들어주었다.

그 뒤로 이동통신 사업을 시작할 때 NTT 말고는 한 개 회사밖에 나설 수 없었다. 그런데 두 개 회사가 뛰어들어 둘이 나란히 가려면 지역을 쪼갤 수밖에 없었는데, 양쪽 모두 인구가 밀집된 수도권을 포기하려 하지 않아 좀처럼 뜻을 모을 수 없었다. 끝이 보이지 않는 줄다리기 끝에 '이러다가 이동통신 사업 정착이 어려워질지도 모른다'고 생각한 이나모리가 수도권과 중부권을 경쟁사에 내주겠다는 큰 결단을 내린다.

이때 DDI 임원들은 "우리가 먼저 시작했는데 만두소는 내주고 만두피만 먹으라는 얘기냐"며 흥분했다. 그러나 이나모리는 "지는 것이 이기는 것"이라며 임원들을 설득했다. 예상을 뒤엎고 매출이 꾸준히 늘자 이나모리는 "참으로 다른 사람에게 도움이 되고자 하면 성공은 하늘이 도와준다"고 하면서 "동기가 좋으면 반드시 성공한다는 것을 증명해주는 일"이라고 했다. 이나모리는 그 뒤로도 스스로 합병해달라고 손을 내미는 기업들하고 M&A 하면서도 둘레 반대를 무릅쓰고 되도록 상대가 바라는 뜻을 받아주곤 했다.

1983년, 이나모리 회장은 경영철학 본산인 '세이와주쿠' 경영 아카데미를 세워 차세대 경영자를 길러냈다. 교토 젊은 경영인들이 이나모리 인생철학과 경영방식을 배우고 경영철학을 갈닦아 손정의 소프트뱅크 회장, 시게다 야쓰미쓰 히카리통신 사장 같은 이들이 나왔다.

문화사업 지원에도 힘을 아끼지 않은 이나모리는 1984년 사재 200억 엔을 털어 '이나모리 재단'을 세우고 교토상을 만들어 해마다 첨단기술과 기초과학 그리고 예술 부문에 이바지한 사람을 뽑아 기리고 있다. 1998년에는 아시아 사람으로는 가장 먼저 비디오 아티스트 백남준 씨가 교토상을 수상했다. 또 퇴직금 6억 엔과 재단기금으로 가고시마대학과 교토대학, 큐슈대학에 기념관을 지어주기도 했다.

"하늘 뜻을 거스르지 않고 사람을 아낀다"를 사훈으로 내세운 이나모리 회장이 경영자들에게 빠뜨리지 않고 하는 말이 있다.

"지도자가 되기에 앞서 사람이 되어라."

기업은 대외 경쟁력을 갖춰야 하지만 지역사회와 직원들에게도 지지를 받아야 한다. 둘레와 어깨동무하는 기업만이 앞날이 있다고 힘주어 말하는 이마모리 가즈오 회장은 뿌린 대로 거둔다는 카르마 경영 성공방정식으로도 널리 알려져 있다.

성공 = 사고방식 × 열정 × 능력

이 등식에서 덧셈이 아니라 곱셈이라는 데 눈길을 줘야 한다. 아무리 열정과 능력이 빼어나더라도 사고방식이 마이너스이면 결과는 마이너스일 수밖에 없다는 말씀이다.

어울려주셔서 고맙습니다. 저는 이분들이 빚은 이야기를 다 듣으면서 아름답다, 참답다고 생각했어요. 세상에는 궂은일도 많고 궂은 사람도 적지 않지만 아름다운 사람들, 닮고 싶은 사람도 참 많아요. 어수선한 가운데서도 살 만하다는 얘기가 나오는 까닭이 아닐까요?

새 길을 연 사람들이 빚은 이야기, 가슴에 와 닿으셨어요? 살려 사는 길을 연 저분들을 보면서 어떤 생각이 드셨어요? 어찌 보면 어렵고, 보기에 따라서는 우리도 한번 나서볼까 하는 마음이 들기도 하지요?

저분들이 연 길은 오솔길과 넓은 길 가릴 것 없이 결이 고운 것만은 틀림없어요. 길은 저분들이 새로 열었을지라도 오늘 저와 여러분이 같이 걷는다면 길을 얻은 사람은 우리예요. 절집에서 얘기하는 수도가 뭐겠어요? 길 닦음이에요. 득도는 길을 얻는다는 말이고요. 저분들은 길을 열었으니 수도자들이고, 우리는 길을 얻었으니 득도했어요.

그런데요, 길을 거저 얻고만 말면 빚쟁이가 되고 말아요. 소방차를 부를 권리에는 소방차 살 돈을 내야 할 의무가 따른다는 말씀이에요. 그래서 법정 스님은 "배운 걸 세상에 돌리지 않으면 제구실하지 않는 것"이라고 흔드셨어요. 오솔길이라도 내려면 혼자서는 벅차니까 힘을 모아야 하죠.

우리 함께 나설까요?